JN126454

ヘルマン・ヘッセ　著

Hermann Hesse

ヘッセの読書案内

（世界文学文庫　他二編）

Eine Bibliothek der Weltliterature

マテーシス　古典翻訳シリーズ　IV

高橋昌久　訳

風詠社

目次

凡例

一．本書は底本として Hermann Hesse, *Die Welt der Büicher*, Suhrkamp Verlag, 1977 を用いた。

二．表紙の装丁は川端美幸氏による。

三．読書の便宜を図り編集部が文末脚注を施した。

四．小社の刊行物では、外国語からカタカナに置換する際、原則として現地の現代語の発音に沿って記載している。ただ、本書では訳者の方針から、古典ギリシアの文物は再建音で記載している（アガピ→アガペーなど）。

五．本書は京緑社の Kindle 版第四版を底本とした。

訳者序文

本作三篇の中で、特に私は『世界文学文庫』を訳したかった。この短い読書案内的な作品を私が知ったのはドイツを旅していた時に訪れた本屋においてであった（ヘッセと縁のある街シュトゥットガルトだったのは単なる偶然だろうか）。Weltbibliothek という興味深い題名をした黄色く薄いレクラム文庫の本であり、その場で購入した。帰国した後の邦訳も参照にしつつ、多数の本が紹介されており、自分の視野を広げるのに大きな役割を果たしてくれた。

この作品は、翻訳はされてはいるがあくまでエッセイ集の中の一つという具合になっていて、この『世界文学文庫』を前面に押し出したものは今の所私はみていない。それ故邦訳がありながらも、『世界文学文庫』が埋もれ気味になってしまっている気がして、思い切って訳すに至った。他に、読書について興味深いことを述べているものを二篇収録するに至った。

ただ、『世界文学文庫』は色々と紹介されているが、逆に紹介され過ぎている部分もあるかもしれない。収録されている作品は百冊を超えている。そして今の時代では文学通ですら知らないような作品も結構ある（翻訳されてないものもある）。そのため文学初心者に『世界文学文庫』を自信を以て勧められるかは私にはわからない。有名どころだけを紹介した教科書的な「読書案内」だとヘッセが書く理由がないし、私がわざわざ翻訳する理由もない。ある程度癖や味があった方が個性が出たりしてユニークだが、この作品はどう判断されるだろうか。ただ新たな知見が得られることは事実であり、紹介された作品の中の一作品でも読む気になれば、それでも目的は果たされたと言えるかもしれない。

世界文学文庫

真の教養とは特定のなんらかの目的を目指したものではなく、完璧を目指すあらゆる努力と同様に、それ自体に意味を有するものなのだ。肉体的な力や美のより一層の獲得、あるいは技のより一層の錬磨には、我々を豊かにしたり有名にしたり権力の獲得といった最終目的がない。それらは我々に生を感じさせて自己信頼を更に増加させ、それによって我々をより快活にさせ幸福にさせ、自分の安全や健康をより感じさせるという、いわばその行い自体に報酬があるわけだが、それは「教養」への努力においても同様である。それは精神的で魂の上での完全性を目指すものであり、何か特定の制限を有するような目的を骨折りながら目指すようなものではなく、むしろ我々の自己意識をより幸福に、より力強く拡大させるものであり、我々の人生や幸福の潜在性をより豊かにさせるものだ。そのために、真の教養とは真の身体文化における実践や衝動と同様に、あらゆる所を目指したものであり、それらを取り入れはするもののそこに安住するようなことはしないものである。それは常に発展途上であり、その努力は決して終わることがない。そして万物と共鳴するものであり、時間を超越して生きていくものだ。真の教養の目的は決して個別的な能力や業績を高めるようなものではなく、我々の人生に意義をもたらすように助けてくれるものであり、過去にも意味合いを与えてくれるものであり、未来へ向けての恐怖なき準備を開いてくれるものだ。

そのような教養へと導いてくれる道で最も重要なのは世界文学を学ぶことであるが、多数の民族の過去の詩人や思索家が残してくれた各々の作品と次第に親しくなってゆくことによって可能となる。それらの作品においては、思考、経験、象徴、幻想、理想像がとても価値の計り知れぬ宝という形で込められている。学ぶ道は決して終わりのないものであり、誰それの最終地点に到達することはできず、そもそも誰もたった一つの大きな文明民族による文学全体すら完全に学び通し、通暁することもできないとしている。ましてや人類全体となると不可能だ。なので高い地位を持つある思索家や詩人による作品に手を出して理解することは、死んだ化石化したような知識ではなくむしろ生きた意識と理解によって自己を満たし幸福な経験を得ることを意味する。そういった経験を獲得するには、できる限りたくさん読んだり知識を得たりすることによってではなく、多数ある傑作文学から個人が自由に選別したものに当たり、休息の時間に没頭して読み、人間の思考や努力の可能性と完全形態の到達を予感し、そして全体それ自体、人類全体の生と心の鼓動を生き生きと感じ、共鳴することによってである。

これは単に生活の必要を満たすだけにとどまらず、ついにあらゆる生命の意義ともなる。こういった世界文学は何か「気晴らし」としての読み物ではなくむしろ精神を集中して読むものであり、意義のなさそうな人生の退屈しのぎや上辺だけの慰めによって自己を宥めたりするようなものでなく、むしろそれとは逆に我々の人生をより高くし、より完全な意義を与えるための助けとなるようなものなのだ。

我々が世界文学を知るにあたっての必要な作品を選別したリストは、各自の必要に応じて違ったものになるだろう。それは読み手がどれほど時間と金を当のリストの作成に注いだかを判断基準にするべきではなく、もっと別の多くの側面から考慮する必要がある。その判断側面の一つとして、プラトンを尊敬すべき賢者とみなし、ホメロスを最も愛されている詩人とみなし、この点をあらゆる文学の中心点をとして、そこから他の全ての文学を整理して判断していく、というものがある。別の人は別の基準を用いて作品の選別を行っていくだろう。他には高貴な詩句を味わい、豊穣な精神を有する創造物語や抑揚する言語音楽を堪能する選別基準もあるし、あるいは強靭な知性を基準にしたものもある。ある人は母国語による作品の方を常に優先して読み、母国語としないものは逆に読もうとしない。またある人は特にフランス人やギリシア人、そしてロシア人の作品を特別に好む。そのため、考えうる学識のある者は常に少数の言語しか知らないときたものであり、全て重要な意義を持つ別の時代と民族の作品が全てドイツ語に翻訳されただけでなく、膨大な文芸作品は未だ翻訳されていない状態にある。例えば真の叙事詩というものは、単に心地よく組み立てられた詩行で結構な内容を描いているだけでなく、世界や生の流れといった劇的な象徴を独創的な言葉で描いた音楽であり、そういった叙事詩は常に詩人の唯一無二の言葉によって紡がれ、それは単に彼の母国語だけでなく彼個人の言葉で発せられるものであり、それを創造できるのはその詩人本人だけである。それ故に、翻訳することができないのだ。最も高貴で価値のある文芸作品は、例えばプロヴァンスのトロバドール[1]の詩を思い出していただきたいのだが、ほんの少数の人間にしか専ら理解されずその醍醐味を享受することができないだろう。というのもその作品における言語は創作家の文化共同体に由来するものであり、その共同体が今や滅んでしまった以上、愛情のこもった学問研究によってしか再びその真髄を享受することができないからである。とはいえそれでも我々ドイツ人は、外国語やすでに滅んだ言語によって書かれた作品の立派な翻訳という、極めて豊かな宝に恵まれているのは幸運なことである。

　世界文学に対して読者の生き生きとした関係を保つにあたってとりわけ重要なことは、読者が自分自身と自分に特別な感銘を与えるような作品を知ることであり、何らかの手本や教養講座に従っていくことではない。読者は本に対する愛の道を辿っていくべきなのであり、本の義務の道ではない。ある傑作作品が非常に有名でそれを未だに読んでないことを恥じ入るから無理矢理手に取るというのは、本末転倒というものだ。そうではなく、読者は自分の性分とピタリとハマるような作品をまず読み、知り、愛することから始めなくてはならない。ある人は学生時代の早い段階から美しい詩行を自分が愛していることを発見するだろうし、またある人は歴史を愛したり、自分の生まれ故郷の伝承を愛したりするだろう。別の人はひょっとすると民謡を聞いたりするのが好きだったり、また別の人は人間の心理の感情作用を正確に分析してそれを高度な知性から解明していくような本を読むことに興奮したり幸福を覚えたりするだろう。

文学の道は十人十色である。学校の教科書や年鑑から読書習慣を始めることができるし、そこからシェイクスピアやゲーテやダンテへと到達することができる。我々にとって有名ではあるが、読もうと手に取ってみてもどうにも気に入らず没入することを妨げるような作品は、強制されたり我慢して読もうとするよりも、その本を閉じてしまう方がいいだろう。そのため子供や非常に若い人間に対しては特定の本を読ませようと過度に推奨したり押し付けたりするべきではない。そのようなことをすると美しい作品を手にすることあるいは読書生活そのものに対して、若い人に生涯にわたって嫌悪感を抱かせてしまう。文芸作品でも、歌でも、事実の報告でも、あるいは何かに対する考察でも、とにかく気に入ったものがあるのならそこから読むのを始めるのがいいだろう。そしてそこから似たような本に手を広げていくのが良かろう。

前置きはこの辺にしよう！努力する者にとっては誰でも、世界文学の尊い画廊が開かれており、量は問題ではないのだからその数の膨大さに恐れ慄く必要はない。読者の中には、一生の間に一ダースほどの本しか読んでいないにもかかわらず、真の読書家と言うべき人も存在する。他方では、あらゆる本を飲み込むようにして読み、どんな本の話題にも入ることができる人がいるが、その努力は結局ほとんど甲斐ないものだった人もいる。というのも教養というのは、養成されるべき対象、特にその人間の性格や個性を要するものだからである。こういったものがない人間にとっては、中身のない教養を空の容器に詰めるように、知識は蓄積されるだろうが知識への愛や生きたつながりは生じ得ない。愛のない読書、畏敬の念に欠けた知識、血肉が伴わない教養は当人の魂に対する最大の罪悪の一つである。

では我々の問題に取り掛かるとしよう。何らかの学問的な理想も持たず、完璧さを目指すことに拘泥もせず、単純に私個人の読書生活と読書経験だけに基づいて陳列していき、理想的な小さな世界文学文庫を記述していくとしよう。ただその前に、本との付き合い方に関して幾つかの実用的なアドバイスをしたい。

この世界文学の道を多少なりとも歩き終えて、書物の不朽の世界にある程度慣れ親しんだ人は、本の内容だけではなく、本そのものと新たな関係を築き始めることだろう。本は読むだけでなく、買うべきものとしばしば要請される。そして長年書物と親しんできて、決して小さくはない図書館の所有者である私は、本を購入することは単に本屋や作者の懐を豊かにするだけでなく、(単に読むだけでなく) 本を所有することには、特有の喜びと道徳があるということを経験上断言できる。例えば貧窮に喘いでいながら安価な普及版を利用して、多くのカタログを絶えず研究して、懸命に粘り強く、巧妙に行動して次第にあらゆる困難を打破した上で小さいながらも美しい図書館を作っていくことは、喜びであり魅惑的な趣味になるだろう。逆に教養のある裕福な人にとっては、愛読書の最良で最も美しい版を苦労して見つけ出したり、すでに廃版になった古い本を蒐集したり、自分の本に自分だけの美しい愛情を込めて考案した装丁を施すことは、唯一無二の愉悦となるだろう。ここには、乏しい貯金を慎重に出費することから最高級の贅沢まで、多様な道、多様な喜びが開かれている。

自分だけの図書館を組み立てることを始めた人は、何よりもまずよい版だけを調達することだけを心がけることだろう。「よい版」というのは単に値が張るだけでなく、そのテキストが本当に慎重にその高貴な作品の価値に沿った畏敬の念によって取り扱われていることを指す。高価で革製であり、金文字入りで絵も挿入されていながら、テキストがいい加減に杜撰に取り扱われているものもあり、逆に安価な普及版でも編集者が丁寧に誠実に、模範的と言ってもいい具合に仕上げているのもある。出版社がある作家の作品を実際は一部分の寄せ集めにすぎないのに「全集」という題の下に広告を打つことができるのは、ほとんど一般的に広がった悪習と言うべきものである。そして多くの刊行者が一人の作家からなんと十人十色な全集を作りあげられることだろう！ある人はある作家の作品群を長年にわたって繰り返し読んできた故に深い尊敬と深い愛から編んだ立派な選集と、たまたま仕事の依頼を受けたある文士が、心を込めず性急に編んだような選集とではとても同じものとは言えない。更にあらゆる良心的な新版は、刊行される都度その作品のテキストを入念に検討しなければならない。というのもある印刷者が他の印刷者がすでに刊行した作品を復刻させる際に、その作品の原典を吟味しないままに刊行してしまい、結局刊行された作品のテキストが誤謬や歪曲、その他の誤りでいっぱいになっている事例はたくさんあったし今現在もある。このことに関する具体的な例をいくらでも私は挙げることができる。しかしながら、私が読者にこのことに関する処方箋を与える形で、特定の出版社や出版物を名指しで一方的に模範として示したり咎めたりするようなことは残念ながら不可能である。ほとんど全てのドイツの古典文学作品の出版社は若干良質な版と、若干のよろしくない版を持っている。ある出版社ではハイネの全作品を網羅した上でそれらのテキストを完全に吟味した完璧と言ってもよい全集を出版しているが、その分他の多くの作家の作品についてはぞんざい気味に取り扱われている。その上、こういった状況は絶えず変わってゆくものである。最近では古典作品を刊行する出版社が長年の間詩人ノヴァーリスの作品を目に余るほど長年乱雑に取り扱ってきたが、新たに出版したノヴァーリスの作品はこの上なく厳しい要請をも満たした上で刊行したものであった。しかし人が本の購入に金を当てる際、テキストの良し悪しではなく紙や装丁の質を基準にして考慮するが、これは逆でなければならない。また、ある「古典作家」の作品集に当たっても外観を統一するために同じ版で揃えるのではなく、その作家の買いたい作品毎に各々の最良の版を発見できるように探し尋ねるべきである。多くの読者は例えばどの作家についても極力完全な全集を望むか、その一方どの作家については選集で満足するかを決定するだけの能力は自分に備えているはずだから、自分で決めるのが宜しい。幾つかの作家については完全に揃って満足できるような版が今の時代にはない、あるいは何年、何十年と全集を刊行しているが、完結する見込みの見られないものもある。その場合は現代の不完全な版によって満足せざるを得なくなる。そうでなければ古本屋へと赴いて古い版を手に入れるしかない。多数のドイツの作家には、三つ、四つの素晴らしい版があるが、他の作家には一つしかなく、更に他の多数の作家には残念ながら一つもないこともある。ジャン・パウル[2]

の完全な全集は残念ながらなく、満足できるブレンターノ[3]の作品集もない。フリードリッヒ・シュレーゲル[4]の若い頃の重要な作品で、シュレーゲル自身が後になって自分の作品集で採用しなかったものがある。それは数十年前に一度は模範的な形で再版されたが、数年前に絶版になり、代わりとなる版は出ていない。数人の作家（ハインゼ[5]、ヘルダーリン[6]、ドロステ＝ヒュルスホフ[7]）は数十年間おざなりにされた時を経て、今日の時代に素晴らしい版になって世に現れた。あらゆる民族や時代の作品が収められている安価に手に入れられる普及版に関しては、レクラム文庫[8]が疑いもなく最も優れている。私が好む作家で、その作家の作品のうち瑣末で世に全然知られていないが私にとってはなくてはならない作品があるが、それを二つ、いや三つの異なった版で複数私は所有している。そして各々の版には他の版に欠けているテキストが収録されているのだ。

　このことが我々にとっての固有の財産、つまり我々ドイツの最良の作家の作品群について言えるなら、外国語の翻訳作品に関するとなれば事はより面倒になる。本当に優れた古典作品の真の翻訳と言うべきものは多くない。マルティン・ルターのドイツ語の聖書、シュレーゲルやティーク[9]のシェイクスピアの翻訳がこれに該当する。これらの傑出した翻訳において我々ドイツの言語は他国の作品を自分のものとした。それは長い期間にわたりはしたが、かといって永遠ではないが！この「長い期間」もいつかは終わる。例えばルターによるドイツ語聖書は、その言語において絶えず編集され時代に適合させるようにしなければ、今の時代のドイツ人にとってはもはや理解できないものとなるだろう。そこで最近になって、マルティン・ブーバーによって監修された聖書の完全なドイツ語翻訳が新たに刊行され始めてきて、その新たな聖書においては旧来のものと態様が大きく変わってしまったため、我々が子供のことから慣れ親しんできた聖書はもはやそこには認められなくなった。ルターの聖書のドイツ語は、ドイツ語で書かれた作品が到達できる限界点と言えるほど古いものである。十六世紀のドイツ語は、現代のドイツ語と比べてあまりに縁遠いものとなっている。イタリア国民はダンテという唯一の例外を有しており、イタリア国民の大多数は今日でもダンテの詩の大部分を暗記している。著しく改変されたり翻訳されたりする事なく長い時間を経て現代まで残っているヨーロッパの詩人は他にない。だがここで問題になっているのはダンテの作品をどのドイツ語の翻訳で読むかということだが、これに関してはまだ適した解答はできない。ダンテのどの翻訳もあくまで原典と近いだけであり、そのためその翻訳において幾つかの箇所で我々が感銘を受けた場合、原典を手にとりその尊敬に値する古いイタリア語の詩行において感情移入して理解するしかないのだ。

　さていよいよ小さいながら質の良い世界文学文庫を組み立てていく任務にあたることになるが、するとすぐに我々はあらゆる精神史の原則にぶつかることになる。それは最も古い時代から残っている作品は全く時代遅れにならないということだ。現代において流行っている作品は、明日にでもなれば見捨てられるかもしれない。今日において新鮮で関心を惹くものも、明後日にはそうではなくなる。しかし一旦数世紀の流れを生き抜き、それでもなお忘れ去られ死滅しなかった作品は、我々の人生においてその価値が何か大きな変転を得ることはありそうもない。まず人間精神の最も古く最も神聖な証とも言うべき宗教と神話の書物から始めていきたい。誰もが知っている『聖書』以外に、『ウパニシャド』の選集のヴェーダーンタ、つまりヴェーダの結末とされている古代インドの叡智の書物を我々の文学文庫にまず収録する。[11] そこにブッダの説話集が加わり、更に死と格闘した偉大なる英雄を力強く歌ったバビロン由来の『ギルガメッシュ叙事詩』もそれらと劣らぬ価値を持つ作品として収録する。古代中国からは孔子の『論語』、老子の『道徳経』と荘子の素晴らしい例え話『荘子』を選ぶ。これで我々は人類の全文学の基底を挙げたことになる。旧約聖書や『論語』において模範的に表現されている規範と掟への努力、インドや『新約聖書』においてこの世の存在への不満からの救済を目指す予感に満ちた探究、安息なく多様な形態を持つ現象世界の彼岸にある永遠の調音、神の形を宿した自然と精神の支配力への畏敬、そしてそれと同時に神は象徴に過ぎず、生における強さと弱さ、歓喜と悲哀は人間の手中にあるという知識が込められている。抽象的な思考によって得られた推測、文学の戯れは全て、我々の存在の脆弱さに対する苦悩であり、そしてその苦悩に対する慰めと諧謔の全てが先述した書物においてすでに表現されている。中国の古典詩からの選集が更に文庫に加わる。

オリエントのもっと後の時代の作品も我々の文庫において入れておかなければならない。巨大な御伽噺集である『千夜一夜物語』は、尽きることのない楽しみを源泉とし、それは世界で最も豊かな絵本である。世界の全ての民族は素晴らしい御伽噺を作ったにせよ、グリム兄弟が収集した我々ドイツ御伽噺の選集で補えば、我々の文学文庫においての古典的な魔法の本としては十分に事足りるであろう。ペルシアの叙事詩から一巻の美しい名詩集があればとてもいいのだが、残念ながらそういった本はドイツ語による翻案はなく、ハーフェズとオマル・ハイヤームだけがしばしば翻訳されている。

次はヨーロッパ文学に移りたい。古代ギリシア・ローマの時代からの素晴らしく豊かな作品群からは、何よりもホメロスによる偉大な叙事詩『オデュッセイア』と『イリアス』を取り上げたい。それを手に取ることによって古のギリシアの空気と気質を知ることができるが、それには更に三人の偉大な悲劇作家であるアイスキュロス、ソフォクレス、そしてエウリピデスも読んでおく必要もある。更に古代の抒情詩人たちによる名詩集である『古代ギリシア抒情詩集』も加える必要がある。

古代ギリシアの叡智に目を向けるとするならば、またもや嘆かわしい欠落した部分に我々は突き当たることになる。最も影響力が大きく、おそらく最も重要なギリシアの賢者であるソクラテスについては、その姿を他の数人の人の作家、とりわけプラトンとクセノフォンから断片的に拾い集めていかなければならない。もしソクラテスの人生と教えについて証言したわかりやすく最も貴重な作品が一冊あれば、それは我々にとって一つの恵みであるだろう。だが文献学者たちはこの作業に従事しようとはしない。おそらく困難な作業なのだろう。本来の意味での哲学者の作品は、私はこの文学文庫に収蔵しようとは思わない。その一方、アリストファネスは欠かすことのできない作家であり、彼の喜劇は後世のヨーロッパにおける多数のユーモア作家の偉大な行列の堂々たる殿しんがりを務めている。英雄伝記作家の巨匠というべきプルタルコスについては、少なくとも一巻か二巻は文学文庫に収蔵するとして、また嘲弄的な寓話作家の巨匠であるルキアノス[12]も忘れないようにしたい。更にまだ大切な本が何か欠落しているが、それはギリシアの神々と英雄たちの物語を取り扱った本である。現在、一般大衆に流布している神話の本は、あまり十分とはいえない。他に適切な本が思い浮かばないので、グスタフ・シュヴァーヴ[13]の『ギリシア・ローマの伝説』を手に取ることにしよう。この本は多数の美しい神話を巧みに物語っている。最近になってシュヴァーヴを真剣に取り扱った後継者が現れ始めた。アルブレヒト・シェッファー[14]がギリシア伝説の本の第一部を世に出し始めて、続く内容も期待感の高いものである。

ローマ人の作品については、私は文芸作家よりも歴史作家の方を常に好むとしている。だがそれでもホラティウス、ウェルギリウス、オウィディウスは取り上げたい。そして彼らの横にはタキトゥスやスエトニウス[15]、更にネロ時代の機知に富んだ風俗小説であるペトロニウス[16]の『サテュリコン』、そしてアプレイウス[17]の『黄金の驢馬』も並べたい。最後二つの作品において我々はローマ皇帝時代の内部において古代ギリシア・ローマの世界が崩壊していく様を見ることができる。没落しつつあるローマであるが社交的で戯れているようなこれらの本の隣に、これらと同様にラテン語で書かれているが別の世界の、初期のキリスト教時代から由来する偉大であり、不気味でもある対照的な作品、聖アウグスティヌスの『告白』を並べたい。幾分か空気が冷たい古代ローマの雰囲気が、逆に初期中世の開放的な雰囲気へと変容していくのが見て取れるのである。

つい最近まで一般的に「暗い」とされていた中世の精神世界は、我々の一つ、二つ上の世代においては殆ど省みられることはなかった。その結果、我々はその時代のラテン文学を翻訳や出版を通して現代で読むことが殆どできなかった。一つの賞賛すべき例外があり、それはパウル・フォン・ヴィンターフェルト[18]の傑作である『ドイツ詩におけるラテン期のドイツ詩人たち』であり、これは我々の文学文庫に収蔵するにあたって大いに歓迎されるべき作品である。偉大な中世精神の権化であり王冠ともいうべきダンテの『神曲』は、イタリア国外と学識ある人々同士以外では真面目に読まれることが少ないが、しかしそれは今なお燦然と輝く影響を及ぼしており、人類の数千年の歴史の中でも優れた作品の一つである。

古代イタリアの文芸作品でダンテの時代のすぐ後に続く作品としては、ボッカチオの『デカメロン』を取り上げたい。お上品な人々の間ではこの卑猥な作風を持つとして悪名高い有名な短編集は、ヨーロッパの物語文学の最初の偉大な傑作であり、感嘆するほどに生き生きとした古代イタリア語で書かれおり、何回もあらゆる言語に翻訳されてきた。だが粗悪な版も多数あるので注意されたい。現代ドイツ語に翻訳されたものとしては、私はインゼル出版社のものを推薦したい。ボッカチオのたくさんの後継者は、三世紀に渡って多数の有名な短編集を描きあげたが、そのどれもが『デカメロン』の出来には及ばない。とはいえ彼らの作品の選集（インゼル出版社のパウル・エルンストによるものがある）、また最近ではラムベルト・シュナイダー社から出版された重厚な三巻の選集がでた）の一冊は我々の文学文庫に欠けてはならない。ルネサンス時代のイタリアの韻文物語作品からは、『狂えるオルランド』の作者アリオスト[19]を欠かすことができない。これは魅力でいっぱいの情景と極上に着想で溢れた、魔法がかったロマンティックな迷宮さながらの作品であり、多数の後継者にとっての模範となった作品である。その後継者のうち、最後でおそらく最良の人間がヴィーランド[20]であった。それにペトラルカの『ソネット』を並列し、更にミケランジェロの詩も忘れてはいけない。この小さいながら真剣な本は、彼の時代の真っ只中で誇り高い孤高な位置を占めている。イタリア・ルネサンスの音調と生きた雰囲気の証拠品として、もう一つベンヴェヌート・チェッリーニ[21]の『自伝』も取り上げておきたい。その後の時代でイタリア文学の作品として取り上げるべき作品は多くないが、それでも少々ある。ゴルドーニ[22]のいくつかの喜劇と、ゴッツィ[23]の夢幻的な童話作品、そして十九世紀にはレオパルディ[24]とカルドゥッツィ[25]の素晴らしい抒情詩がある。

　中世の生み出した作品のうち、最も美しいものとしてはフランス、イギリス、ドイツのキリスト教的英雄説話、特にアーサー王の円卓の騎士物語である。全ヨーロッパに流布しているこの伝説の一部は、『ドイツ民衆本』[26]に保存されており、それは我々の文学文庫の中でも名誉席が与えられるのに相応しい作品である。この作品の最も良い版はリヒャルト・ベンツが編集した刊行本である。これは『ニーベルンゲンの歌』や『クードルン』と並ぶ中世の最も美しい作品である。だが、これら二つとは違い、『ドイツ民衆本』はドイツ語によって書かれた作品ではなく、最も様々の国の言語によって書かれたものをのちにドイツ語に翻訳して編集したものである。プロヴァンスのトロバドールについてはすでに言及した。それにヴァルター・フォン・デア・フォーゲルヴァイデ[27]、ゴットフリート・フォン・シュトラースブルク[28]、ヴォルフラム・フォン・エッシェンバッハ[29]が続く。彼らの作品（つまりヴァルターの『詩集』、ゴットフリートの『トリスタンとイゾルデ』、ヴォルフラムの『パルシヴァル』）を、同じく騎士でもあった恋愛詩人たちの優れた選集一冊と一緒に感謝を込めて我らの文学文庫に取り入れよう。中世の作品はこれで終わりだが、キリスト教的ラテン文学や説話の偉大な源泉が枯れると、代わりにヨーロッパの生活と文学に新たなものが発生した。各国の言語がラテン語に取って代わり、文学作品においてはもはや僧侶的であったり匿名の作品であったりすることはなくなり、（イタリアでボッカチオが始めたように）市民的で個人的な文芸作品が描かれ始めた。

当時のフランスにおいて、ヴィヨン[30]という孤独で奔放な生き方をした類まれなる詩人が現れ、自由奔放で不気味でもある彼の詩の作品群は他の詩人の作品には見られないものである。そこからフランス文学を下っていくと、決して欠くことができない作品がいくつも見出される。少なくともモンテーニュの『エセー』の一巻を所有している必要があり、そしてユーモアに溢れ、俗物を嘲笑する巨匠のフランソワ・ラブレーの『ガルガンチュア』と『パンタグリュエル』、孤独で敬虔者で禁欲的な思想家であるパスカルの『パンセ』と『プロヴァンシアルの手紙』[31]も持っておく必要がある。コルネイユに関しては、『ル・シッド』と『オラース』を、ラシーヌに関しては『フェードル』と『アタリー』そして『ベレニス』を所有しておく必要がある。これによって我々はフランス演劇の父と古典作家たちを持つことになるのだが、それになお第三の星である、喜劇作家モリエールも加えなければならない。彼の傑作ドラマを一巻の選集で所持しておこう。我々はしばしば彼を世の中を嘲笑する名人と見做し、『タルチュフ』の創作者であるこの人の作品を手に取っておこう。ラ・フォンテーヌの寓話と上品なフェヌロン[32]の『テレマック』も欠いてはならない。ヴォルテールに関しては彼の劇や韻文詩は別になくても構わないが、彼の才気煌めく散文作品を一巻か二巻、特に『カンディード』と『ザディーグ』は持っておく必要がある。これら二作品における嘲弄的な文体や快活な雰囲気は、人がフランス的精神と名付けたものの模範だとしばらくの期間見なされていた。

だがフランスでは、多様な顔、更に革命のフランスという顔も持っている。そしてヴォルテール以外では、ボーマルシェの『フィガロの結婚』とルソーの『告白』も所有しておく必要がある。これを書いていて思い出したが、ルサージュ[33]の素晴らしい悪漢小説『ジル・ブラース物語』、そしてアベ・プレヴォー[34]の心打つ愛の物語『マノン・レスコー』も入れておく必要がある。

それからフランスのロマン主義と、それを継承した一連の偉大な長編小説家へと続いていく。ここでは何百もの本の題名を挙げたいところだが、非常に重要で代わりのない比類ない作品だけをあげるのに止めよう。なんといってもスタンダール（本名アンリ・ベール）の『赤と黒』と『パルムの僧院』である。燃え滾る魂と尊大で懐疑的に養われた知性との闘争がこれらの作品で展開され、全く新たな種類の文芸作品が誕生したのであった。それに劣らず比類ない作品としてボードレールの詩集『悪の華』がある。これら両者による作品が並んでいると、ミュッセ[35]の愛すべき登場人物たちや魅力的でロマン的な小説家ゴーティエ[36]やミュルジェール[37]は小さく見えてしまう。そこからバルザックが続き、彼の作品としては『ゴリオ爺さん』『ウージェニー・グランデ』『あら皮』『三十女』を持たなくてはならない。これら激しい作風で、素材がいっぱい詰め込まれ、はちきれんばかりの生命力を持っている作品の側に、卓越した素晴らしいメリメの短編作品と、最も洗練されたフランスの散文作家フローベールの『ボヴァリー夫人』と『感情教育』を並べておきたい。これらの作家と比べるとゾラは数段落ちるものの、『居酒屋』か『神父の罪』あたりの作品を並べておく必要がある。そして同様に、モーパッサンの病んだ作風を持つ彼の美しい短編作品の幾つかも必要である。これで私たちは現代の時代の領域の境目に到達したわけだが、それを跨ぐのはやめておこう。跨いでしまうと優れた作品をまだまだ挙げなければならないのだから。ただあらゆるフランスの詩の中でおそらく最も生き生きとしていて、繊細な詩を書いたポール・ヴェルレーヌを忘れてはならない。

イギリス文学においては、まずチョーサーの『カンタベリー物語』（十四世紀末）から始めたい。この作品は部分的にボッカチオの作品から借用したものであるが、その音調は新たなものとなっている。彼は厳密な意味でイギリスの最初の作家であった。彼の作品の隣には、シェイクスピアの作品群を並べておく。そしてそれは選集ではなく、全集でなければならない。我々の先生たちは高い敬意の念を払ってミルトンの『失楽園』について語ったものだが、我々のうちの誰か一人でも読んだことがあるだろうか？否。ひょっとすると不公平かもしれないが、この作品については断念しよう。チェスターフィールド[38]が息子に宛てた『書簡』は道徳的とは言えない作品だが、それでも文学文庫に採用しておきたい。『ガリヴァー旅行記』の作者で天才的なアイルランド人であるスウィフトに関しては、手に入れられる限りのものは全部揃えておきたい。彼の偉大な心と、彼の辛辣で残酷なユーモア、そして彼の孤立した天才性は、彼の際立った奇人癖を十分に補うものである。ダニエル・デフォーの多数の作品については、『ロビンソン・クルーソー』が我々にとっても最も重要であり更に『モル・フランダース』も取り上げておく必要がある。これらによってイギリスの古典的長編小説の堂々たる列がつながってゆくのである。フィールディング[39]の『トム・ジョーンズ』とスモレット[40]の『ペルグリン・ピクル』もできることなら文庫に収蔵しておきたい。だがスターン[41]の『トリストラム・シャンディー』と『センチメンタル・ジャーニー』という感傷的な描写から支離滅裂なユーモアが突如現れるこれらの作品は必ず所有しておく必要がある。ロマンティックな吟遊詩人であるオシアン[42]については、ゲーテの『若きウェルテルの悩み』にあるものを読めば十分であろう。シェリー[43]とキーツ[44]の詩人については忘れてはならない。彼らの詩はこの世にある抒情詩のうち最も美しいものである。バイロンについては、私は彼のロマンティックな作風と超人性については感嘆してはいるものの、彼の優れた詩の中からは『チャイルド・ハロルドの遍歴』だけで満足しておこう。ウォルター・スコットの歴史長編小説からも、その一つとして『アイヴァンホー』を畏敬の念からとり上げるとしよう。そして不幸なド・クインシー[45]の作品からは、病的な作品ではあるが『ある阿片常用者の告白』を取り上げるとしよう。マコーリ[46]の『エッセイ』一巻も忘れてはならない。辛辣な批評家であるトーマス・カーライルからは、『英雄論』の他にもイギリス的なウィットに極めて富んでいることから『衣装哲学』も必要ではないだろうか。それから長編小説な偉大な星々へと目を向けるとしよう。サッカレーの『虚栄の市』と『スノッブ』、そして作品内において所々感傷的な部分もあるにせよ善良な心をもち優れた心の持ち主であるイギリス小説家の王者というべきディケンズのうち、少なくとも『ピクウィック・ペーパーズ』と『デイヴィッド・コパーフィールド』は持っておく必要がある。彼の後継者の中からは、メレディス[47]の特に『エゴイスト』が重要に思え、更にはできることなら『チャールズ・フェヴァレル』も採用しておきたい。スウィンバーン[48]の美しい詩（それにしても実に翻訳しづらい代物だ！）も欠けてはならず、オスカー・ワイルドの一、二巻、とりわけ『ドリアン・グレイの肖像』及び数編のエッセイも揃えておく必要がある。

アメリカの文学においては、不安と戦慄の作家であるポーの短編作品集一巻と、大胆で感情に溢れたウォルト・ホイットマンを代表としよう。

スペインからは何をさておいてもセルバンテスの『ドン・キホーテ』を所有する必要がある。あらゆる時代を通して比類なく壮大で魅力的であり、冒険を求めて妄想に取り憑かれ放浪し自分の空想する悪漢と戦う騎士と、太っちょの従者サンチョの、この二人の不滅の人物たちによる物語を持ってくるとしよう。だがこの作者の短編も忘れないようにしたい。それは本当の宝石ともいうべき優れた文芸芸術である。行儀良い『ジル・ブラース』の先駆作品として有名なスペインの悪漢小説を一つ揃えておく必要がある。その選択は難しいものだけれど、私としてはケベード・イ・ビジェーガス[49]の『大悪漢パブロ・セゴヴィア』を選びたい。これは壮烈な冒険とウィットに富んだみずみずしい作品である。威厳を持ち壮大な列を並べるスペインの劇作家からは、バロック時代の偉大な作家であり半ば世俗的で絢爛としているが半ば宗教的で敬虔的な魔術師というべきカルデロンを不可欠なものとして所有しておかなければならない。

まだ遍歴しなければならない様々な領域の文学がまだまだ残っている。オランダとフランドル地方の文学である。そこからはド・コステル[50]の『ティル・ウーレンシュピーゲル』とムルタトゥーリ[51]の『マックス・ハーヴェラール』を選びたい。いわば『ドン・キホーテ』の弟ともいうべきド・コステルの長編小説は、ベルギー民族の叙事詩である。『マックス・ハーヴェラール』は数十年前に搾取されていたマレー人の権利のための戦いに己の人生を捧げた、殉教者であるムルトゥーリの主要作品である。

地球上のあちこちに散在している民族であるユダヤ人は、世界の様々な国と多数の言語による作品を残した。そのうちのいくつかはこの文学文庫に欠かすことのできないものである。スペイン国籍のユダヤ人イェフダ・ハレヴィ[52]のヘブライ語による詩と讃歌、そしてハシディズムを信奉するユダヤ人による美しい伝説の数々が必要となる。それらの作品はマルティン・ブーバーによって優れた翻訳が施され、ブーバーが刊行した『バアル・シェム』と『偉大なマッギード』に収録されている。

北方の世界からは、我々の文庫にグリム兄弟によって翻訳された『古エッダの歌』[53]や、アイスランドのサガから何か一つ、たとえばエイイットル・スカットラグリームソン[54]や、あるいはボヌス[55]の『アイスランド人の書』[56]の選択編集された一冊を採用したい。

近代のスカンディナヴィア文学からは、アンデルセンの童話集とヤコブセン[57]の物語、更に後世の人々にとってはそれほど重要性を持たないかもしれないが、イプセンの主要作品とストリンドベリ[58]の作品数巻を取り上げるとしよう。

十九世紀のロシア文学は特に豊穣である。ロシア語の偉大な古典作家であるプーシキンについては翻訳不可能な部類に入るので、ゴーゴリから始めるとしよう。彼の『死せる魂』と短編作品のいくつかを我々の文学文庫の列に入れるとして、更にトゥルゲーネフからは今日では半ば忘れ去られた傑作である『父と子』を、そしてゴンチャロフからは『オブローモフ』[59]を採用したい。トルストイに関しては、彼の偉大な芸術精神は時折その説教と改革の試みに熱を注ぎすぎるが故に忘れられることがあるが、少なくとも長編小説『戦争と平和』（おそらくロシア文学において最高峰の傑作）と『アンナ・カレーニナ』は絶対必要であり、一方で彼の民話も欠かしたくはない。そしてドストエフスキーからは『カラマーゾフの兄弟』と『罪と罰』に関しては決して忘れてはならず、更に彼の作品の中で特に生命力が溌剌としている『白痴』も必要である。

こうして我々は中国からロシアまで、文学の最初の古代の世界から現代の境界まで、多くの民族の文学作品を隈なく探してきた。それによって多数の驚嘆すべき、そして愛すべき作品を見出してきた。だが我々の最大の宝ともいうべきドイツ文学に関してはまだ吟味していない。せいぜい『ニーベルンゲンの歌』と中世後期の作品のいくつかを話題にしただけである。今は十六世紀から続くドイツ文学の世界を格別な愛を持って検討し、その中から特に愛し、文学文庫に採用したいと思われる作品を選んでいこう。

ルターに関しては彼の主著としてドイツ語訳聖書をすでにはじめの部分で述べた。だがその上で彼の作品のうち、聖書以外のものとしてより短い作品を一巻所有しておきたい。大衆的に配ったパンフレット集や、あるいは卓上語録の選集、または一八七一年に出版された『ドイツ古典作家としてのルター』などである。

反宗教改革の時代に、ヴロツワフ[60]に奇妙な詩人がいた。彼の作品からは詩行でいっぱいの小さな本の一冊だけが我々の関心をひく。だがこれはドイツ的な敬虔心と文学の真髄ともいうべき荘厳な華ともいうべき作品である。つまり、アンゲルス・シレジウス[61]の『智天使風の旅人』である。ゲーテ以前の時代の残りの叙事詩に関しては、現存する多数の選集のうち一冊あれば十分であろう。

ルターの時代においては、ニュルンベルクの民衆詩人ハンス・ザックス[62]がやはり我々の文庫において採用するべき価値があるように思われる。そのハンス・ザックスの隣にグリンメルスハウゼン[63]の『阿呆物語』を並べるとしよう。この作品においては三十年戦争時代を舞台として激しく野蛮な音が炸裂し、新鮮味と赫赫とした独創性の傑作と言える。その隣にはこの作品に比べれば劣りはするものの、我々が愛読するのに相応しい作品『シェルムフスキー旅行記』が並ぶ。これは力強いユーモア作家クリスティアン・ロイター[64]によって書かれたものである。更に文庫のそれらの箇所の周りには、十八世紀に執筆されたビュルガー[65]の『ミュンヒハウゼン男爵の冒険』も置いておくとしよう。

ここで我々は今、近代ドイツ文学の偉大な世紀の入り口に到達した。喜びを持ってレッシングの巻を文庫に採用しよう。彼の作品は全集である必要はないが、彼の書簡もいくらかは収録されてなければならない。クロップシュトック[66]は、彼の最も美しい頌歌が先程の選集に収録されているためそれで十分である。難しいのはヘルダー[67]に関してである。彼はもう忘れ去られているが、だが彼は役割を確かに果たし終えていない。確かに彼の大作は全体として読者の興味をそそらないものだけれど、時折彼の作品をパラパラとめくってみると得られるものが大いにある。レクラム文庫にはよい選集が一冊あり、クレーナー叢書にもある。

ヴィーランドに関しても全集を持っておく必要はないが、『オベロン』と『アブデーラ市民の物語』は欠けてはならない。友好的で、機知に富んで遊戯的な文体を持つ彼の作品は、古代ギリシア・ローマとフランスの文学から鍛錬したものであり、啓蒙主義の支持者ではあるが想像力を犠牲にしなかったこのヴィーランドは、不当にも忘れ去られてしまった独特な個性をもつ作家である。

ゲーテに関しては我々の財産が許す限り最も美しく完全な全集を持っておかなければならない。結婚や葬式といった特別な儀式のために書かれた戯曲や、論文、書評についてはいくつかはなくても構わないけれども、本来の文学作品については、抒情詩も含め、欠けることなく完璧に揃えなければならない。これらの巻においては、我々の魂のあらゆる作用や動きが鳴り響いており、それらの多くが決定的な形で言葉の上で表現されているのだ。『若きウェルテルの悩み』から『ノヴェレ』へ、初期の詩集から『ファウスト第二部』まで、それはなんという道のりだろう。これらの作品の列には、ほかにエッカーマンの『ゲーテとの対話』、書簡のいくつか、とりわけシラーとフォン・シュタイン夫人と文通したもの等の、極めて重要な伝記としての記録を持っておく必要がある。若きゲーテの友人仲間からはいくつもの作品が書かれたけれども、その中でも最も優れているのがユング・シュティリングの『ハインリヒ・シュティリングの青春時代』[68]であろう。この愛すべき本をゲーテの作品群の隣におこう。更に同じく、ヴァンツベックの使者マティーアス・クラウディウス[69]の著作の選集を一冊選んで並べておくとしよう。

シラーに関しては比較的甘めの基準で採用するとしよう。彼の作品の大部分はもう手に取ることはないだろうが、この男のその精神と人生全体はやはり私にとって偉大であり、感銘を受けるものである。彼の散文作品（歴史と美学に関するもの）と、一八〇〇年あたりの偉大な一運の詩を特別に選ぼう。それに加えペーターゼン[70]の『シラーとの談話』も加えたい。私はあの時代から更に多数の作品を加えたい。ムゼーウス[71]、ヒッペル[72]、テュンメル[73]、モーリッツ[74]、ゾイメ[75]などによる作品である。だが我々のこの文学文庫は厳格に作品を取捨選択しなければならない。ミュッセやヴィクトル・ユーゴーを取り入れるのを断念したこの文学文庫に、愛想がほどよい小粒な作品をこっそりと入れることはしてはならない。どちらにしろ唯一無二の時代である一八〇〇年前後のドイツが精神的に最も豊かだった時代における第一級の作家の何人かを文学文庫に採用しなければならないのだ。その一部については、最近まで時代風潮と非常に偏向的な文学史の記述の結果として完全に忘れ去られてしまったか信じられないほど過小評価されているものもある。最も偉大なドイツ精神の権化というべきジャン・パウルについては、今日び何千人もの学生の案内書として役割を果たしている一般的な文学史学では、はるか昔のもう知られぬ批評家の記述をバケツリレーの如く人から人へと書き写していったら、もはやこの作家の実像に全くそぐわない論評に出会うことになった。この事態に対する反抗として、我々はできる限りジャン・パウルの作品を完全に揃えた版を文庫に収蔵するとしよう。これを誇張じみていると思う人も、少なくとも『生意気盛り』や『ジーベンケース』、そして『巨人』という主著は所有しておく義務があるものだと考えていただきたい。更に、優れた逸話作家J・P・ヘーベル[76]の『宝石箱』を彼のアレマン方言[77]の詩と共に忘れてはならない。

ヘルダーリンに関しては、最近にはより質がよく完全性のある版が多数刊行されており、その中から一つを真心を込めて文庫に並べよう。そして日常においてしばしばこの高貴な眠れる死者を呼び起こし、この者の魔法の言葉に耳を傾けるとしよう。ノヴァーリスの作品はヘルダーリンの片側に並べるとして、更にクレーメンス・ブレンターノの作品はもう片側に並べるべきである。残念ながらブレンターノの作品に関しては、本当に満足できるような版がまだ出ていない。彼の物語や童話は決して完全に忘れ去られるようなことはなかったが、彼の詩における味わい深い音楽的な言葉は少数の読者が発見した程度である。彼と彼の妹ベッティーナに関する共通の記念碑として、『クレーメンス・ブレンターノの春の花輪』という本がある。ブレンターノとアルニムによって編纂されたドイツの民謡集である『少年の魔法の角笛』は、最も美しく独創性のあるドイツの書物の一冊として無論文庫に加えておく必要がある。アルニムに関しては、短編集の一巻を質のよい選集において保有しておく必要があり、更にその選集には『長子相続権者たち』や『エジプトのイザベラ』のような格別に優れた作品も入っている必要がある。

ティークのいくつかの物語（特に『金髪のエックベルト』『生命の過剰』『セヴェンヌの反乱』）と、ドイツ・ロマン主義のおそらく最もユーモラスな作品と考えられる『長靴をはいた牡猫』が更に加わる。ゲレス[78]の作品からは、残念だが加えるだけの価値ある版がない。フリードリッヒ・シュレーゲルの『メルリーンの物語』のような逸品も、ここ何十年と出版されていない。フーケ[79]については上品な『水妖記』だけが私たちの考慮の対象となる。

ハインリヒ・フォン・クライスト[80]の作品群からは完全な全集を備えておかなければならない。劇だけでなく小説、論文、逸話の全てを収蔵しておく必要がある。彼もまた死後から時を経てドイツの読者から発見された作家である。シャミッソー[81]からは『ペーター・シュレミールの不思議な物語』だけを所有しておけば十分である。とはいえこの短編作品は上席に位置づけされるだけの価値を持つ。アイヒェンドルフ[82]からはできる限り完全な版を持っておきたい。彼の詩作と愛読されている『のらくら者日記』以外の、その他の小説作品も揃えておく必要がある。一方で戯曲と論文作品に関しては持っておく必要がない。ロマン主義作家の中でもとりわけ物語作家の名匠というべきE・T・A・ホフマン[83]に関しても、彼の人気のある多数の短編作品だけでなく、『悪魔の霊液』といった長編小説をはじめたくさんの作品を揃えておく必要がある。

ハウフ[84]の童話とウーランド[85]の詩も文庫リストに挙げておこう。更に重要なのはレーナウ[86]とドロステ・ヒュルスホフの『詩集』である。彼らの詩を紡ぐ言葉は、唯一無二の音楽的な響きを持つものである。フリードリッヒ・ヘッベル[87]の戯曲からは一巻か二巻を、加えて彼の日記も、少なくとも選集の形で揃えておく必要がある。そして高品質で少なくない作品を集めたハインリヒ・ハイネの選集（散文も！）も欠けてはならない。そして上品で、豊富に作品を揃えたメーリケ[88]の選集、特に『詩集』、『旅の日のモーツァルト』、『しわくちゃ爺』、そしてできれば『画家ノルテン』も必要である。メーリケに続くべき作家としてはアーダベルト・シュティフター[89]を挙げたい。彼はドイツ散文の最後の古典作家であり、『晩夏』、『ヴィティコー』、『習作集』、『石さまざま』を揃えておきたい。スイスからは、三人の重要なドイツ作家が台頭してきた。農民生活の偉大な叙事詩的作家であるベルン出身のイェレミアス・ゴットヘルフ[90]、そしてチューリッヒ出身のゴットフリード・ケラー[91]とコンラート・フェルディナント・マイヤー[92]である。ゴットヘルフの作品からは二つのウーリ物語（『作男ウーリが幸福になる話』、『小作人ウーリ』）を、ケラーからは『緑のハインリヒ』と『ゼルトヴィーラの人々』、そして『寓詩物語』を、マイヤーからは『ユルク・イェナッチュ』を取り入れておきたい。両者からは高い地位をもつ詩も書かれている。それらの詩を、スペースが足りない故に取り上げられなかった他の多数の詩人と一緒に、すでに多数刊行されている近代詩の質の良い名詩選に含まれているのを一冊持っておこう。また、シェッフェル[93]の『エッケハルト』も入れたい人は入れておこう。またヴィルヘルム・ラーベ[94]に関しても一言添えておきたい。彼の『アブ・テルファン』と『死体運搬車』は欠けてはならない。

とはいえこの辺にしておこう。それはもちろん同時代の他の作品を締め出すためではなく、むしろ我々の頭と文学文庫にそれらの作品も入れておくための余地を残しておくためである。だがそれは今考察しているテーマとは別のものである。どの作品が世代を超えて生き延びるかは、生まれたその時代においては判断できないのである。

この世界の文学巡りを終えるにあたって私のした取捨選択を顧みてみると、欠けている部分があり、どこか不釣り合いなのを認めないわけにはいかない。世界文学文庫の中に『ミュンヒハウゼン男爵の冒険』を入れてインドの『バガヴァッド・ギーター』を除外することは適切なことと言えるだろうか?もし私が公正であろうとするなら、古典スペインの素晴らしい喜劇詩人や、セルビアの民謡や、アイルランドの妖精童話、更に他の無数にある作品を採用する必要があったのではないだろうか?ケラーの小説一巻は本当にトゥキティデスよりも価値があるものなのか?同様に『画家ノルテン』はインドの『パンチャタントラ』[95]や中国の予言の書である『易経』よりも価値があると言えるのか?いや、そんなことは無論あり得ない!そのため私の文学文庫に収蔵する作品の取捨選択において、それは極めて主観的なものであり、気まぐれめいたものだと容易に指摘できることだろう。だがその代わりに完全に公平で、完全に客観的であるような文学リストを示すのは難しい、というより不可能なことだろう。そのためには我々が子供時代から文学史を通じて親しんできた全ての作家と作品を取り上げねばならず、更にその文学史の内容はそれまでにあった他の文学史から書き写したものである故に、それら全てを実際に読んでいくには人生は短すぎるのだ。そして正直に告白すると、敬愛すべきサンスクリット文学の作品もぎこちなくその真髄を享受できないような翻訳でしか読むことができないため、それならむしろその音韻の機微の瑣末な部分まで味わうことが可能なドイツの詩人による優れた美しい一つの詩句の方が私により多くのものを恵んでくれるのである。更には作家やその作品に関する知識と評価は、しばしば流転しやすい定めにあるのだ。我々は二十年前には文学史においてついぞ見出すことのできなかった作家を今日では敬愛している（今とんでもないことに気づいたのだが、重大な作品を挙げるのを忘れていた。『ヴォイツェック』、『ダントンの死』、『レオンスとレーナ』の作者ゲオルク・ビューヒナー[96]である。無論彼を欠かすことはできない！）我々の現代の人間にとって古典時代のドイツ作家で重要で生命力を有すると思われるのは、二十五年前にドイツ文学に精通している人が不朽だと主張していた作品群と同じであることは全くない。ドイツの民衆が『ゼッキンゲンの喇叭手』[97]を読み、学者たちが文学の参考書の類においてテオドール・ケルナーを第一級の作家として推薦していた頃は、ビューヒナーは世に知られていなかったし、ブレンターノは完全に忘却されていて、ジャン・パウルはペテン師的な天才としてブラックリストに載っていたのである！同様に我々の息子や孫たちもまた、我々の時代における見解や評価をいたく時代遅れなものと見出すだろう。仮にその人が学識豊かな人でもそう思わないという保証はない。だがこういった評価が永遠に変動し続けること、ある作家精神が忘却され数十年後に再発見され高く評価されるのは、それは決して人間的な弱さや移り気だけに由来するものではなく、何か世界には規則や掟があり、それはうまく言葉で明確化することはできないもののなんとなく予感し感じ取ることができるものだ。つまり一旦ある期間内を超えて作用し、時代を超えて生き延びた精神の所産は人類の財産に属するものといえ、その各々の時代の流れによる精神上の困窮や要求に応じてそれらの所産は取り上げられ、再検討され、新たな生命がそれに注ぎ込まれることとなる。我々の祖父の世代は、ゲーテに関して今の我々とは全く異なった見解を持っていただけでなく、ブレンターノは忘れられていたし、ティートゲ[98]やレドヴィッツ[99]やその他の流行作家を過大評価していた。更には人類の偉大な書物というべき老子の『道徳経』すらも全く知らなかったのだ。というのも、古代中国とその叡智の再発見は現代の世界と時代において行われたもので、祖父の世代に行われたものではなかったからだ。その一方で我々の先祖たちの時代にはよく知られていた偉大で素晴らしい精神世界の幾つもの領域に関しては、今の時代では疑いもなく喪失されており、それらは我々の孫の世代において再発見されねばならないものだろう。

確かに、私は小さいながらも理想的な世界文学文庫のリストを作成するにあたって、かなり杜撰とも言えるやり方で従事した。宝石とも言える作品は見過ごしたままだし、幾つかの巨大な文化圏はそっくりそのまま省いてしまった。例えばエジプトに関してはどうだろうか?数千年間にわたって高くて均一的な文化、燦然と輝く王朝、力強い体系と不気味なほどに死に熱狂する宗教、エジプトのこれら全てが我々にとって注目すべきものであり、エジプトが残してきたこれら全部を我々の文学文庫から省いていいものだろうか？しかしそうだと言わねばなるまい。エジプトの歴史というのは、私がこの文学文庫の収蔵本を取捨選択するにあたって、あえて検討するのを省いた類の本である。言ってしまえば、それは絵本の類に属するものだ。エジプト人の芸術に関して多数の本があり、特にシュタインドルフ[100]やフェッヒハイマー[101]による挿入画付きの素晴らしい本がある。そしてこれらの本は多数私の手元にもあり、私が現在持っているエジプトだろうと思われる知識はこれらの本から得たものだ。しかしエジプトに関してより親しみある知識を持たせてくれる文学に関しては、私は知らないのだ。かなり前にエジプトの宗教に関しての本を一度注意深く読んだことがあるが、その中にはエジプトの原典、掟、墓碑銘、讃美歌、祈祷の抜粋が記載されていた。そしてその全部が私の興味を大きく引いたものの、結局そのうちのほとんどが全然頭に残らなかった。その本は良質で上品なものだったが、決して古典に属するような本とは言えなかった。なので我々の文学文庫にはエジプトの本は収蔵しなかったのだ。だがまたもや自分でも理解できないような忘れっぽさと怠慢さの罪が私の頭に浮かんでくるのだ！思い起こしてみると私のエジプト観は、決して単にあの絵本や宗教史的な本だけによって形成されたものではなく、それらと同程度の強さを持つ本からも得られたものだった。それは私が非常に気に入っているギリシアの作家、つまりヘロドトスからである。彼はエジプト人に惚れ込み、自国のイオニア人以上に高く評価していたのだ。そしてこのヘロドトスを、私は本当に忘れてしまっていたのである。この無礼とも言える扱いへの埋め合わせとして、彼をギリシアの優れた作家の中でも上席に値する作家と言えるだろう。

ここで今まで登録していった理想的な図書館に収蔵する本のリストを今一度見て検討してみると、確かにこれはかなり不完全であり欠落しているところが大いにあるが、だが私がこの図書館で最も気にかかる欠点はこのことではない。この文庫を全体の形として想像すればするほど、確かにこの文庫は主観的で厳密な基準に基づいたわけではないという欠点を持つものの、多くの知識と経験によって組み立てられたこの図書館は、この主観性や偶然性は決して欠点などではなくむしろその反対であると思われるのだ。小さいながらも理想的な我々の図書館は、その欠点に拘らず私にとってはやはり理想的なものなのだ。それは私にとっては整いすぎていて、宝石箱のような感じがしすぎるのである。あれやこれといった様々な良作が忘れられていても、とにかくあらゆる時代の美しい珠玉の作品は揃っており、質と客観的な価値の観点で言えばこの図書館を凌ぐものはないだろう。だが我々の考えたこの図書館の前に立ち、これらの蔵書を収集し所有したいと思う者について思いを馳せると、その所有者の姿を想像することができないのだ。それは落窪んだ目をしていて禁欲的に夜遅くまで仕事をし続けたことによって疲れ切った顔をしたような、老いた頑固な学者でもなければ、上品でモダンな家に住んでいる社交的な男性でもなく、田舎医者でも聖職者でもなく、貴婦人でもない。我々の文庫は非常に洗練されていて、理想的な外観を持っていはするが、個性が欠けている。文庫の蔵書カタログは、根本的な部分では本読みに精通してきた老いた読書家ならば誰もが選ぶようなカタログとほぼ同一である。もし私が我々の文庫を現実にみるとしたら、このように考えるだろう。「本当に立派な蔵書が集まっているものだ。どれもこれもが本物の本と言えよう。だがこれらの蔵書の所有者は愛読書というものがないのだろうか？格別に好んでいる本、情熱的に愛する本というのはないのだろうか？選択基準として幾つかの文学史以外には余念がないのだろうか？例えばディケンズの作品二冊と、バルザックの作品二冊を持っているとするならば、その本を選んだのは言葉巧みに説得されたからだ。もしこの人が本当に自分自身の考えで任意に選んだのならば、この二人の作家を愛して両者の作品をできる限り多く所有するか、どちらか片方をもう片方よりも優先して多くの作品を所有しようとするだろう。良質で、魅力的で、愛すべきディケンズをどこか野蛮なバルザックよりも贔屓にする。あるいは逆にバルザックを贔屓するのならば彼の作品全てを所有し、逆に華奢で、お利口で、大衆的なディケンズの作品を彼の図書館から放り投げるはずだ」。こういったなんらかの特徴を示すものを私に気にいるべき文学文庫にもなくてはならないのだ。

私はこのあまりに完璧すぎ、中立的すぎる我々のこの文学文庫を、再びどこか乱雑なものとし個性的で活発で特定の本に対する情熱的な付き合いをするとどうなるかを見せるために、読書家として本へ向けた私白身の情熱に関して知らせる以外方法はないようである。私は非常に幼い頃から読書生活に親しんできて、世界文学の幾多の本を賢明にそして公平に取捨選択する努力に関してもしないではなかった。私は様々な料理を味わい、自分にとって多くの馴染みのないものを知り、そして理解することが義務だと思っていた。だが学問としての読書、教養の形成と公平であるという観点から外国の文学について知ろうとするのは私の性分とは全く噛み合わなかった。そうではなくいつも本の世界の中で何か特別な愛情が私の中で満たされ、特別な新発見が私を興奮させ、新たに湧き上がってくる情熱が私を熱くした。こういった多くの情熱が交互に代わりながら私を捉えて、情熱のうちのいくつかはある期間を経て再び湧き上がってきたが、他の情熱は一度っきりでそのまま消失していった。そのため、私自身が所有している図書館はこのエッセイで取り上げた作品をほとんど全て含んではいるものの、決して同じようなものではない。私の文庫は、あちこちの分野において拡大したり増大したりするものがある。そして真の欲求から作られた図書館というものはそうなるべきものなのだ。つまり蔵書のある部分については義務的に収蔵したもので少数しかないが、他の蔵書については子供を甘やかしたり気に入ったりするように、贔屓されて手入れが相応に行き届いているような外観を呈していることだろう。

こういった全く固有の愛情によって手入れが施された特定の分野が、私の書斎に多くある。そしてそれら全てについて述べていくことはできないが、だがその中で最も重要な分野についでは言及するべきであろう。世界文学が各々個人にどのように反映するか、世界文学のある側面あるいはまた別の側面がどのように読者を惹きつけるか、個人の性格にどのように影響を及ぼし形成させていくか、どのように導かれあるいは矯正されたかについては少し語りたい。

書物を読む喜びと読書欲を私は早い段階から抱いていた。少年期の初めの頃、私の知っていた唯一の大きな図書館は私の祖父の書斎であり、その頃はそれだけを利用することができた。数千冊が揃うこの巨大な図書館というべき書斎の大部分について当時私は無関心だったが、今なお私は無関心である。こういった多くの書物をどのようにして山のように積んでいったのか私には理解できなかった。例えば長い列を構成している歴史や地理に関する年鑑、英語とフランス語によって書かれた神学作品、金縁のイギリスの少年図書と宗教書、びっしりと並んだ様々な分野の学術的雑誌、これは丁寧に厚紙で製本されているか年度別で束ねて紐で縛られていた。どれもこれも私にとっては全く退屈なものと映り、埃かぶっていて、わざわざ保有しておく価値があろうとは思えなかった。だが次第に私が気づいていったことだが、この図書館にはさらに別の分野の本も収蔵されていたのである。まず数冊の本が私を惹きつけ、そこから全体的には荒涼としたイメージのあったこの図書館全体を私は探し回るようになり、自分にとって興味の惹くものを引っ張り出すきっかけとなった。

そのうちの一冊としてグランヴィルのとても魅力的な挿絵を添えた『ロビンソン・クルーソー』があり、他には一八三〇年代から分厚い二冊からなる四つ折判の『千夜一夜物語』のドイツ語訳もあり、こちらも同様に挿絵が添えられていた。この二つの本は私にとってどんよりと濁った海の中から真珠を釣り上げたような感銘を受け、それ以来本棚が高くまでそびえているこの広間において隅々まで探し回るのをやめなかった。しばし何時間も梯子の上に座ったり、至るところ無数の本が山積みしていた地面にうつ伏せになったりした。

この神秘的で埃かぶった本の広間において、ある時私は文学の領域において最初の重大な発見をした。十八世紀のドイツ文学作品を発見したのだ！それらはこの奇妙な図書館において稀に見られる形で完全に揃っていたのであった。単にゲーテの『若きウェルテルの悩み』だけであったり、クロップシュトックの『メシアス』やホドヴィエツキ銅版画の装飾のついた文芸年鑑数冊だけでなく、それらほどは知られていない宝も埋もれていたのであった。九巻のハーマン[102]の全集、ユング・シュティリングやレッシングの全集、ヴァイセ[103]やラーベナー[104]やラムラー[105]やゲラート[106]の詩集、『メーメルからザクセンへのゾフィエンの旅行』の六巻本、ジャン・パウルの幾つかの文学新聞や様々な巻があった。

ところで当時初めてバルザックの名前を見た時のことを思い出す。著者がまだ生きていた頃に出た四つ切り判の青色の厚紙表紙のドイツ語訳による作品が数冊あったのだ。私がこの作家の作品を初めて手に取り、ほとんど内容が理解できなかった時のことを今なお覚えている。私はその中の一巻を読み始め、そこには主人公の資産状態が詳細に述べられていた。彼の財産からどのくらいの収入を毎月得られるか、母親からの遺産相続はどのくらいか、その他にどんな遺産を相続する見込みがあるか、どれほどの負債があるか等々。私は深く失望した。というのは、私は様々な情熱的な話やいざこざ事件、未開の国への旅行や甘い禁断の恋の体験について書かれているものと期待していたのだが、その代わり実際に書いてあった、私が全然知らなかったある若い男の財産状態について関心を向けなければならなかったのだ。腹が立って私は小さな青い本を元の場所に戻して、それから長年の間バルザックに関しては読もうとはしなかった。そして相当の年月を経てから、彼を改めて本当に理解し、すると私は熱心に彼の作品を倦むことなく読み続けるようになった。

だが祖父の図書館で私が特に経験したのは、十八世紀のドイツ文学であった。そこで私は珍しく、そしてすでに忘れ去られてしまったものを知った。ボードマー[107]の『ノアの子孫』、ゲスナー[108]の『牧歌』、ゲオルク・フォルスター[109]の『旅行記』、マティーアス・クラウディウスの全集、宮中顧問官フォン・エッカルツハウゼン[110]の『ベンガルの虎』と『僧院物語ジークヴァルト』、ヒッペルの『諸国漫遊記』、その他無数の作品を私はそこで知ったのだ。これらの古本では明らかになくても構わないものや、忘れ去られたり捨てられたりして当然というべき作品も多数あったが、クロップシュトックの素晴らしい『頌歌』や、ゲスナーやヴィーラントの優しくて優雅な散文、ハーマンの不思議な衝撃を与える精神の閃きもあった。そして大した価値のない作品を読むことも私は後悔していない。というのも歴史上のある特定の時代について十分に通暁することは、相応の利点があるからだ。簡単に言えば、私は一つの世紀のドイツ文学に関して、その道の博識ある専門家ですら敵わなかったほど完全に知り尽くし、部分的には時代遅れで風変わりな書物も私に言葉の、私に愛する母国語の言葉の息吹を吹き込んでくれた。それらの言葉がその世紀の古典主義的な華を咲かせるのを準備していたのであった。私はそれらの蔵書で、文芸年鑑で、あるいは埃かぶった小説や英雄叙事詩を通してドイツ語を学んでいったのである。そしてそれらに密になり、ゲーテや近世ドイツ文学の最盛期を知っていくにつれ、私の耳や言語的な感性が研磨されていった。そしてゲーテやドイツ古典文学から生み出された特殊な精神性について私は慣れ親しみ通暁することになった。今日でも私はこの時期の文学について特別に好意を抱いており、もはや忘れ去られた多数の作品も今なお私の書斎に収蔵されている。

また数年経過して私が多くのことを経験して多数の本を読んだら、別の精神史の分野が再び私の気を惹いたのであった。すなわち古代インドのものである。その際私はまっすぐとした道で向かわなかった。当時神智教と言われた未知なる本を通して知ったのであり、そこには超自然的な叡智が記載されたと言われていたのだ。これらの書物はあるものはずっしりと分厚く、あるものは小さなボロボロの冊子であったが、どれもがどこか嫌悪感を催させ、不快で教訓的で、大人ぶったようなお節介を焼いているみたいだった。だがそれらにはある種の観念的なところや世俗離れしたところがあり、それらは決して共感できないわけではなかった。とはいえ活気がなく、こせこせした時代遅れめいた説教調をしていたので、やはり大きな嫌悪感を抱くのは避けられなかった。しかしそれらはかなり長い間私を惹きつけていた。やがて私は私を惹きつけてやまないその魅力の秘密について発見したのであった。この姿が見えない精神的な指導者が宗教的なこれらの本の執筆者の耳に囁いたとされている秘密の教えは、すべて共通の起源を持っていて、つまりそれらはインドを起源としていることが判明したのだ。そこを起点として私は更に探求を推し進め、やがて最初の発見をした。私は胸をワクワクしながら『バガヴァッド・ギーター』の翻訳を読んだのだ。それはひどい翻訳であり、その後も多数の翻訳を読んだが今日まで本当に素晴らしと思える翻訳に出合ったことがない。だがここで初めて、私が探求しながら予感していた一粒の黄金を見つけた。私はインドという形で具体化されたアジア的な調和思想を見出したのであった。それ以来、私はカルマや輪廻に関して勿体ぶって論じられた書を読んだり、視野が狭く教訓的な内容に嫌気が差すことはなくなったのだ。その代わり、本物の原典とされるものは手に入れられる限り手に入れた。私はオルデンベルク[111]とドイッセン[112]の著書と、サンスクリット語から彼らが翻訳を施した作品、それにレオポルト・シュレーダー[113]の本『インドの文学と文化』、そしてこれらより前に刊行されたインドの文学作品の古い翻訳の幾つかを知った。ある年齢から私にとって重要となっていったショーペンハウアーの思想世界と一緒に、これらの古代インドの叡智や思考様式が数年間私の考え方と生き方に強い影響を及ぼしたのだ。とはいえそれでも私の中には一抹の不満と失望が付き纏っていた。私がなんとかかんとか蒐集したインドの原典の翻訳も、そのほとんどが不備だらけであり、唯一ドイッセンの『六十ウパニシャド』とノイマン[114]のドイツ版『仏陀の説教集』のみから純粋でたっぷりとしたインド世界の精髄と魅力的な味わいを享受することができたのであった。だが不満を覚えたのは単に翻訳だけの問題ではなかった。私はこのインドの世界において、そこでは見出せなかったもの、つまり一種の知恵を求めていたのであった。その知恵があるだろうということと実際にその知恵があるということ、というよりその知恵がなければならないことを予感していたのだが、結局それを具体的に表現した文に出合うことはなかった。

するとまた数年経過した後に、ある新たな読書経験が私の願望を満たしてくれたのであった。このことが満たしてくれた、と言えるのならば、だが。すでに前から私は私の父の指摘を受けて老子をグリルによるドイツ語翻訳で知っていた。そして今、中国に関する一連の書物が発刊されてきており、これは現代ドイツの精神生活における最も重要な出来事だと私はみなしている。その中の一冊がリヒャルト・ヴィルヘルム115の中国古典の翻訳である。人間文化の中で最も高貴で最も絢爛に咲いたものの一つであり、以前はドイツの読者にとっては未知でどこか見下したような珍しいものとして存在していたが、それが今ではラテン語や英語といった今までのような回り道ではなく、つまり数人を媒介したのではなく、原典からドイツ語へと直接的に翻訳された。リヒャルト・ヴィルヘルムは半生を中国で過ごし中国的な精神に信じられないほどに精通しており、中国語だけでなくドイツ語も堪能であり、今日のヨーロッパにおける中国的な精神の意味合いをその身を以て経験してきたのであった。この一連の書物はイェーナのディーデリヒス書店から、『論語』を皮切りにして刊行されていき、この本を手に取ったときどれほど私が驚嘆し魅惑的なものとして、そしてどれほど奇異に一方でどれほど適切に、そして期待を裏切らずどれほど望ましく素晴らしいものとしてこの本の全てが私の目に映ったか、あの時のことを今も忘れていない。その後にこの書物のシリーズは立派なものとなっていき、孔子に次いで老子、荘子、孟子、呂不韋、中国の民衆童話などが刊行されていった。同時に幾人もの翻訳者が中国の抒情詩の翻訳に取り掛かり、中国全体に広まっていた物語の文学についても従事し、大きな成功を納めた。マルティン・ブーバー、H・ルーデルスベルガー[116]、パウル・キューネル[117]、レオ・グライナー[118]などが優れた業績を残し、リヒャルト・ヴィルヘルムの業績を心地よく補ってくれた。

これらの中国の書物において、数十年から今までますます手に取る喜びを感じるようになり、そのうちの一冊は大抵の場合ベッドの側に置いてある。あのインド人たちが持っていなかったもの、つまり実生活に即するということ、最も厳格な道徳的要請を決然と行う精神性と、日常生活上の戯れや喜びという感覚が見事に調和しているということ、高度な精神性とナイーブな生活上の喜びとの間の行き来、こういったものが中国の書物に満ち満ちていたのであった。インドが禁欲と僧侶的な現世放棄という点で高い感動的な境地に到達したとするならば、古代中国は自然と精神、宗教と日常が敵対的ではなく友好的な関係で対立するものとして、各々の両者に正当な権利とみなさせる精神上の規律と養成において、インドとは劣らぬほど高い境地まで達したのであった。インドの禁欲的な叡智がその要求の過激さにおいて若者的でピューリタン的なものだとするならば、中国の叡智は経験に基づいた賢さであり、ユーモアも子供っぽいものではなく、経験でも失望することなく、賢明であることによって軽佻浮薄になることもない。

ドイツ語圏の最も優れた精神所有者たちがここ二十年間においてこの恵み深い流れに触れたのだった。多くのやかましく急激で、起こっては消えてゆくような精神運動の側で、リヒャルト・ヴィルヘルムの中国作品の翻訳が極めて静かな様子でその重要性と影響力を絶えず増加させてきた。

十八世紀のドイツの作品に対する偏愛や、インドの教訓を求めることや、中国の教えや作品に次第に親しんでくことによって私の書斎は大きく変わり豊かなものとなった。多くの他の体験や精神的分野についても同様であった。例えばバンデッロ[119]、マスチオ[120]、バジーレ[121]、ポッジョ[122]など、ほとんど全てのイタリア文学の短編作家を原文で所有していた頃もあった。他にも、外国の童話や伝説をいくら蒐集しても満足できなかった時もあった。こういった興味はゆっくりとまた消えていった。だがそのまま残った興味もあるし歳を重ねていくにつれ減るどころか増えていく興味もあった。それはかつて私が感銘を受けた人々の回想録や書簡や伝を読むことによる喜びである。まだ若い時から、私はゲーテの人物像と生活態度を数年で可能な限り全部集めて読破したことがある。私のモーツァルトへの愛も、彼の手紙の殆どと彼について書かれた書物をできる限り読もうとした。同じころ、ショパンや『サントール』を書いたフランスの詩人ゲラン[123]、ヴェネツィアの画家ジョルジョーネ[124]、レオナルド・ダ・ヴィンチに対しても似たような愛情を持っていた。これらの人々について書かれた本は、私は非常に重要な価値を持っていたとは思わなかったが、それでもそれらの人物たちへの愛情から多くのものを得ることができた。

今日の世界では書物をやや軽視しているような風潮がある。活力ある生を生きる代わりに本を読む生活を送ることを嘲笑したり、ふさわしくないものとする若者が今日では大勢見受けられる。彼らは読書に時間を費やすには人生は短すぎるし読書よりも価値あるものはいっぱいあると考えている。そのくせ彼らは週に六回カフェに赴いてそこの音楽に合わせてダンスすることに現を抜かしている。例え「現実の」世界の大学や職場や取引所や娯楽場の方が活気盛んであるにしても、我々が毎日一時間か二時間古来の賢人たちや作家たちの書物にあたる方が本当の意味での人生により近いものなのだ。確かに多くの書物を読むことは害をもたらすこともあるだろう。そして本に熱中し過ぎると現実生活を送るにあたって不都合が生じることもありうる。とはいえ私は読書に耽溺することを思い留まるような警告を決してしない。

まだもっとたくさん言いたいことがあるし、語りたいこともある。すでに言及した私の読書愛好生活に関してさらに一つ付け加えたいことがあった。それは中世におけるキリスト教での神秘的とも言える生活である。中世の政治史における瑣末な部分に関しては私にとってどうでも良かったが、二つの巨大な権威に関して生じていた緊張関係に関しては、私は大いに注視した。その二つとは教会と帝国である。聖職者の生について私は惹きつけられていたが、それは禁欲生活云々ではなく、聖職者による芸術や文芸作品を素晴らしい宝として私が評価したからである。更に教団や僧院が敬虔で静かな生を送る避難所として羨んだし、文化と教養の場所としてこれ以上にないくらい模範的なものとして私に映ったからである。中世聖職者の領域を遍歴していると私は多数の本を発見し、それはこのエッセイで作っていった理想的な文学文庫には収蔵してなかったが、それらを私はとても愛好していて収蔵した方がいいと思われる作品を思い出した。例えば、タウラー[125]の『説教集』、ゾイゼ[126]の『人生』、エックハルトの『説教集』などである。

今日私にとって世界文学の真髄だと考えているものを、私の父と祖父は馬鹿馬鹿しいと思うし、私の息子たちも偏っていて不完全なものと考えるだろう。私たちはこういった避けがたい運命を甘受しなければならないし、我々の父よりも賢い者だと思いあがってはならない。客観性や公平性を目指して努力するのは素晴らしいことだと思うが、こういった理想を実現するのは無理だということは心に銘記しておこう。我々の世界文学文庫を読んで学者になろうとか世界の審判になろうなどとは思わずに、最も入りやすい精神の門を潜って精神の聖域に足を踏み入れるとしよう。自分が理解でき、好きだと思うような本から読み始め給え。新聞やたまたまベストセラーだったような作品からではなく、傑作を読むことによってのみ高度な意味での読書を学ぶことができる。傑作は現代のベストセラー作品よりは甘い味はしないし、刺激的な味もしないことが多い。傑作は読者に真剣に読み込んでもらうことを望んでおり、その真髄を勝ち取ってもらうことを望んでいる。勢いよく演奏されるアメリカ的なダンスを聴く方が、ラシーヌの厳密に計算されていて強い弾力性をもつ戯曲や、ユーモアで戯れつつ仄かに陰影を持つスターンやジャン・パウルに向かうよりも簡単だろう。

傑作が我々にその真価を実証させ傑作を読む楽しみを味わえるようになる前に、まず我々がそれらの真価を味わえるだけのものを持たねばならない。

本との付き合い方

書籍印刷術の誕生は、ここ五百年来、ヨーロッパの文化生活において最も独特で強い影響力を持った要素である。この書籍印刷術ほど今日の生活においてないのが考えられないような比較的新しい技術はないだろう。この点においてドイツは、他の多くのケースと同じように、印刷技術の発明と同時に印刷された優れた高貴な本をいくつか世に出したのに、それ以上の優れた業績を上げるのをやめてしまい、ここ三世紀ほど優れた本の印刷と購買において他の諸外国、主にフランスとイギリスに後塵を拝するようになった。だがここ最近、長らく落ち目だったこの分野において新たな強い力が動き出すようになっている。それは疑いもなくドイツ民族全体の欲求と必要に基づいている。「本のない家」というのは次第になくなりつつあり、まもなくそのような状態は稀なものとなるのが一般的に望ましい。

ドイツにおいてはいつの時代もたくさんのものが書かれ、印刷され、読まれてきたのは勿論であり、それは諸外国よりも多かったはずである。ドイツにおいては世界でも最もよく組織的に整理された本屋と信頼できる文献目録がある。だが個人的な嗜好に基づいて優れた本を集め所有し、保存することによって立派な書斎を作るという楽しみは、我々の国では、少なくとも学問的に疎遠な人々においては、かなり昔から今まで一般的なことでも当たり前のこととは考えられてはいない。だがこういったことは実際は、各々の洗練された生活を送るにあたって必要不可欠で重要な要素なのだ。なのでこのことに関して少し私が言及するのも相応の価値があるだろう。書物と付き合うこと、読書術とは他の領分における交際術と同様に懸命で友好的な配慮を必要とするものであり、そしてそれをするだけの価値を有しているのである。

学問とは疎遠な一般の人々はしばしば、その本が世間的に流行していて押し付けられるような形で手に取る場合を除いて、造形芸術を前にした時と同じような根拠のない畏怖心を本に対しても抱くのである。「本について何もわからない」というような感情を持っていて、読んでいる本について判断するだけの自信を持たず、或いは不信の念を抱きながら本屋を避ける。その理由は本を決して買わず読まないためか、或いは頻繁に起きることだが、押し付けがましいセールスマンに押し売りされてとてもページを開くことの出来なさそうな美しい金箔で飾られた豪華装丁の本を大金をはたいて買ってしまいそれを見ると憤慨してしまうからである。

小さい時から本に囲まれて育たなかった人は、何らかの読書に関する手引きや適切なアドバイスを必要とするだろう。他の場合もそうだが読書においても、本を読むための知識を必要とするのではなく、本を読もうとする意欲であり、すでに出来上がっている判断ではなく、受容性、誠実性、融通性が必要なのである。努力によって到達できるある程度の文化水準の高さに達した人は芸術と知識を隔てる境界線を持たなくなる。つまりその水準にいる人はある芸術作品を歴史画だとか風俗画だとか、喜劇だとか悲劇だとか、こういうような区分けをすることはなくなりあくまで芸術作品として見る。このような段階に達すると、「私は基本的に現代小説は読みません」だとか「私は基本的にパントマイムは見に行きません」といったような、平常耳にする陳腐な決まり文句を発することはないだろう。むしろ、そういう人々は狭い観点から芸術を理解できないかもしれないが、全ての芸術作品を囚われることなく自由に観賞し、その作品が何か美を意味し伝えているのか、その美が鑑賞者である彼の人生、感受性、考えをより豊かにするものかどうか、彼の力や幸福や喜びや新たな考えを呼び起こす新たな源泉となるかどうかという点だけで評価することになる。彼は一冊の本を読むにあたって、音楽を聴いたり景色を見るような具合で読み進めていき、何か新しいもの、喜ばしいもの、忘れ難いものをそこから得て、それによって前よりも少し豊かになり、楽しくなり、賢明になりたいということだけを意図して読書を続けるだろう。そして自分の人生に新しく、豊かで、深いものを授けてくれたのが詩人によるのか、哲学者によるのか、悲劇作家によるのか、機知に富んだお喋りによって書かれたものかというようなことは彼にとってはどうでもいいことである。

このような水準に達するのは、人が普通思うよりもはるかに簡単である。だが当惑したり軽蔑する姿勢で本を避けたり、高慢ちきに本に否定的になったり知ったかぶりの態度を取るといったくだらないことをやめるだけで良い。そうすることによって本当の意味での「自分自身の判断」を獲得するための大きな前進がなされ、すでに半分以上目的地点まで到達したと言って良い。人間が必ず読まなければならない作品、読まなければ幸福になれなかったり、教養として必須な作品を列挙した本のリストというのは存在しない。しかし各々の人にとって、読むことによって満足や喜びを体験できるような書物は相当数ある。そういった本を次第に見つけていき、長期間にわたって付き合い始め、可能ならそれらの本を次第に永久的に外面的にも内面的にも自分の所有物として獲得すること、これは各個人の各々の課題であり、その課題の成就をその人が疎かにすると必ずやその人の教養や楽しみ、そしてその人の存在価値を本質的に低下させる。だがどのようにして各個人はそういった課題を成就していくのだろうか。膨大な数の世界文学の山から、その人にとって特に価値があって楽しみを見出せる数冊または数ダースの本や作家を見つけ出すことができるのだろうか。この問いは、それは毎日くどいほど聞かれるものであるが、聞く者を不安な気持ちにさせ怖がらせもする。そしてそのために多くの人は本を読み始める時点で嫌になって、内容の理解がとても難しそうに見える教養の本を早々に断念するのだ。

だがこれと同じ人が毎日一つか幾つかの新聞を読み通すだけの時間と力を持っているのだ！そして彼らはその新聞記事を十中八九好奇心から、或いは必要から、或いは楽しみのために読むのではなく、昔からある悪習によって読むのだ。「人は皆新聞を読まなければならない！」という具合にだ。今この論説を書いている私は学生時代から新聞を読んだことは一度たりともなく、強いて言えば旅の途中で新聞の一部分を読むに過ぎない。そして新聞を読まなかったからといって貧しくなったり馬鹿になったりしたわけではなく、むしろ幾百幾千の時間をもっと有意義な時間を過ごすことができるようになったのだ。新聞を読む人は皆、もっと計画的に予定を立てれば新聞を読む時間の半分で、学者や詩人が本に書いた多くの人生と真理の貴重な宝を十二分に堪能し精通することができることを知らないのである。

君が特に好きな木や花については植物学の教科書から知ったのではないのと同様に、愛好する本もたとえば文学史や文学理論の研究を通して知ったり見つけたりしたわけではないのだ。

日常生活のどんな行為も、その行為の本来の目的をできる限り意識する習慣（そして全ての教養の基礎はまさにこれである）をまず身につけた人だけが、読書においてもその本質的な法則と識別する能力を応用していくことができる。譬え最初は新聞や雑誌を眺めるだけでも、である。書物に書き下ろされたあらゆる時代の作家の考えや本質は、死んだものではなく、生きている有機的な世界なのである。文学的な教養が全然なく単に注意深く多少繊細な神経を持つ読者でも、日常の新聞購読から離れて独力でゲーテに至る道を見出すことも十分にありうるのだ。二百人のほどの知り合いの中から君が友人として信用できる人間を見つけ出すのは奇妙にも確実なことと同様に、たくさんに乱雑された新聞や雑誌から、君は君に響くような言葉や文体を書く作家を数人見出し、彼らに従っていけばさらに喜びを君にもたらしてくれる作家の名前や作品を知ることができるようになる。『イェルン・ウール』[127]の何千人もの読者のうちで、おそらく多くの読者がそこに記載されている本の優れた本質を発見して、それらの本と同じほど優れた本質がさらに『イェルン・ウール』の作者よりも優れた他の幾つかの詩人、例えばヴィルヘルム・ラーベによって純粋に素晴らしく表現されていることを発見したに違いない。大多数の読者はラーベに関しては彼の文章が冗長で時折読むのに骨が折れることを知っている。だがラーベは実際はフレンセンの半分も冗長ではないし、読むのに骨が折れない。単に不幸にもラーベは流行作家ではないだけなのだ。そしてこのように世間に流行していて読まれている本は、それらの本よりも全然知られていないが、はるかに価値が高い本を手本にしているものである。これらの手本を追っていけば、あらゆる文学作品におけるもっと高位の法則を感じ取ることができるようになるだろう。

本棚いっぱいに本を収蔵していて、その中にラーベ、ケラー、メーリケ、ウーラント[128]の作品も持っている一人の平凡な職人を私は知っている。それで彼は楽しんで収集して頻繁に読んでいくこれらの作家とどうやって知り合ったのか？彼はある日偶然に、包装紙となって彼に届いたベルリンのある新聞の文芸欄で、ある現代詩人の数行の詩と短いエッセイを見つけたのだった。そしてその詩人の言葉が彼の印象に残り、それ以来この新聞を熱心にそして注意深く読むようになり、誰からの助けもなしに、いったん呼び覚まされたその愉悦と憧れを以って数年後彼はウーラントやケラーにまでたどり着いたのである。

これは一つの例でありおそらく一つの例外であろう。これは新聞読者の水準から読者としてのもっと高い水準へと登ったことを示したかっただけである。もちろん一般的には、新聞は本との最も危険な敵の一つである。単に少額の金で多くのことを提供しているように思われ読み通すのに時間と力を過大に注がなければならないだけでなく、むしろ新聞は個性のない多様な記事で数千の読者の好みと高級な読書能力を腐敗させてしまうからである。新聞によって導入された悪趣味と現代の悪習はいくら批判してもしきれないものであり、そのうちの一つとして新聞で論文や長編の連載小説を掲載していることがある。自分が高く評価している作家を新聞の連載小説で読むというような侮辱行為をしてはならない。その作家の作品は本という形式か、連載小説が一通り完結して全ての新聞を集めて全部まとめて一気に読めるようになるまで待つべきである。

　どんな人間と交際するかということに関して無関心ではない人、交際する人を厳選し同調できる人を選択するのに心を払う人、さらにどのように生活しどこに住み身繕いをするか自分の重要な生活習慣の特色と様式を尊重する人は、書物の世界においても同様に自立した精神を持ち、本とは友好的な信頼関係を築いてそして自分の読むものを何者にも依存しない自分の好みと欲求によって選び取る必要がある。後者の読書に関してはまだ自立した精神を持とうと関心を持っている人は少ない。そうではなかったら毎年出てくる大量の本で、同じ程度の価値を持つ二冊のうち片方が完全に無視されて、もう片方が偶然によって流行し何十万部も売れるということはありえない。

　ある本を評価するにあたって、その本がどのくらい賞賛されていて読まれているかを私は一切考慮に入れない。エミール・シュトラウス[129]の『親友ハイン』は有名でよく知られている作品である。同じ作家により少なくともこれと同程度には優れている『親切な家主』は今のところは第一版が出ただけである。これは控え目にいっても恥ずべきことである。つまり『親友ハイン』が読まれるのはシュトラウスが重要な作家だからというわけではなく、その本が他の本よりもたまたま有名だからに過ぎないのである。だが本というのは最新のスポーツ記事や強盗殺人のように人々から一時的に読まれ一時のおしゃべりの話題のためにあるものではなく、静かに真面目に読まれてそれを味わい、愛さなければならないものだ。その時に初めて本の内部に秘められている美や力が発揮されるのである。

意外なことだが多くの書物は声を大に出して読まれるとその本の力もより大きく発揮される。とはいえこれは詩や短編や文体の美しいエッセイなどに限られるだろう。例えばゴットフリート・ケラーの『七つの聖譚』、フライターク[130]の『ドイツの過去の光景』、シュトルム[131]の短編小説、現代の極めて優れた二つの短編集、すなわちリュンコイス[132]の『ある現実主義者の幻想』とパウル・エルンスト[133]の『東方の王女』で試してみるといいだろう。

長い作品、特に大長編小説は朗読するにあたってはあまりに多くの区切りをつけないといけないので、その魅力は著しく減り朗読する方も疲れてしまうことになる。朗読に適した文芸作品を聞くと、異常なほど多くのことを学べる。その作家の個性的な文体による散文のリズムは、読むだけでは基本わからないが朗読によって聞きとる感覚がより鋭利なものとなるのだ。

単に一回限りの義務に駆られた、或いは好奇心による読書だと決して本当の喜びや深い味わいがもたらされることはなく、せいぜい一時の刺激になる、すぐに忘れるような緊張を楽しめるに過ぎないのだ。だが初めて、たまたま手にしたある本から深い印象を受けた場合は、しばらく経った後にもう一度読むべきだ。本を二回目に読んだときにその本の真価がはっきりと表れること、純粋に外観上の興味を惹くような要素はなくなり、その本の内容、本の描写の美しさや力強さが発揮されるのを感じ取れるようになるという事実は実に驚くべきことである。そして君が二回読んで楽しみを得られた本は、それが安かろうと高かろうと無条件で買わなければならない。私のある友人は、本をまず一回か二回読んでそれで満足を覚えなかったものは買わないとしているが、しかしそれでも本棚には壁いっぱいに本がぎっしりと詰まれていて、ほとんど例外なく買ったそれらの本を何度も全体的に或いは部分的に読み返して楽しんでいる。彼は特に愛読しているフィレンツェの作家サッケッティ[134]の短編小説を十回以上読んだ。私自身としてはゴッドフリート・ケラーの『緑のハインリヒ』を今日に至るまでに四回、メーリケの『宝物』を七回、ユスティヌス・ケルナー[135]の『旅の陰影』を三回、アイヒェンドルフの『のらくら者日記』を七回、『トルコのオウム七十話』[136]のほとんど全部の物語を四回から五回読んだ。そしてこれらの本のいずれも本棚に並んでいるのを見るたびに、もう一度手に取って読む日を楽しみにしている。こういった何度も読む本は必ず自分の所有物としておかなければならず、そのために私は本を購入することについて言及したいと思う。

書物を購入することは幸いなことに、今ではもはや奇妙な行為だとか無益な贅沢だとはみなされなくなった。そして人々は本を所有することは何か楽しく高尚なことであり、一つの作品を自分のものとして持ち、気の向いた時にいつでも手に取れるというのは、数時間或いは数日借りることに比べて比較にならないほど大きな喜びを与えてくれるということがどんどん理解されるようになっている。千マルクの銀の食器と二十マルク分の書物が記載されている遺産目録は、今日ではよく見かけられるものである。裕福な人々が書斎を全然持たないということは、陶磁器や絨毯を全然持たないのと劣らぬくらい恥ずべきことと考えるべきである。裕福な人が自分の家を私に見せてくれる時、私は必ず次のように質問している。「あなたの書斎はどこにあるのでしょうか?」と。そして私よりも多くの資産を持っている人々には、例外なく絶対に本を貸さないようにしている。持っている金銭が乏しい中でやりくりしなければならない人は、本を購入するにあたっては親しい友人から強く勧められた場合とか、すでにその本を知っていて評価しており購入すれば少なくとも再読することがあらかじめわかっている場合のみに留めておくがよかろう。ある本を知って初めて読みたいなら、どこの街にもある公共図書館を活用することができる。その上、最近出た本のほとんど全ては、どの書店にでも手に取って閲覧することができる。またそこまで本を読みたい訳ではない場合でも、優秀な書店員と連絡を取れるような関係を続けるのは強く推奨される。しばしばドイツの書店員は軽蔑的に扱われるという実に不当なことが生じるが、実際は彼らは本のアドバイスや、情報提供、見本送付、不正確なまたは誤って伝達された本のタイトルの確認、その他多数の細々としたサービスを通じて読者層に、そしてそれを通じて我々の精神生活に賞賛に値する貢献を果たしてくれているのである。

個人が何を読み、どれを購入すべきかについての具体的に決まった助言を与えることはもちろんできない。結局は各自が考え各々の好みに従ってゆくしかないのである。人はよく百冊、千冊の「最良」の本のリストを作ろうと試みるものだが、個人の書斎を作るにあたっては全く役に立たない試みである。読書にとっての美徳は、偏見のなさや何事にも囚われない精神が何よりも重要だということを改めて強調したい。利口な人々が詩を読むことは単なる気晴らしでせいぜい小娘くらいに似つかわしいものだというのをしばし聞く。こういった利口な人々は大抵の場合、教訓的な、学問的な本を読むべきであると考える。だがどんな民族やあらゆる時代において、それぞれの教訓や知恵の宝は詩の形式を用いて書き下ろされてきたのだ！無数の教科書よりも深く価値があり、毎日の生活で有益なことが書いてある詩や童話や戯曲はいくらでもあり、最高級の文芸作品と同じくらいの個性と新鮮さと溌剌さを有する文体と表現法をもつ学術書もある。人はダンテやゲーテの作品を哲学書と同じ具合に読むことができるし、ディドロの哲学的なエッセイをこの上なく洗練された詩として読むことができる。

アカデミックな学問に対する大袈裟な敬意と純粋に詩的な作品への一方的な賞賛のどちらも無意味で価値のないものである。我々は毎年、幾人かの極めて優れた才分をもつ教授がその椅子から去り、ほっと一息つきながらもっと広範囲な影響を及ぼす自由な文学に力を注ぐのを知る。逆に、生まれながらの才を十分に持つ詩人が純然たる学問の仕事に熱心に従事するのもしばしば目にする。どうしても伝えたい重大なことがあり、そのために新しく、美しく、独創的な形式を作れる者は、彼が『ヴィルヘルム・マイスターの修行時代』を書こうと『イタリアのルネサンス文化』を書こうと、感謝の念を持ちつつ歓迎しようではないか。

奇妙なことだが、優秀で教養ある人でさえも自分の文学の趣味に関して羞恥心を抱いたり自信なさげにして、その話題になると遠慮がちな態度をとるのがしばしばある。ある私の知り合いが、他のことに関しては気後れせずに意見を言うのに、私が彼に貸したカール・フォン・マイヤーの長編小説が好きになれなかったという意見を私に言うのにはかなり長い躊躇が必要だった。彼はマイヤーが世間では賞賛されている作家だということを知っていたので、そんなことを言うと笑い者になるのではないかと恐れたのだった。だが読書においては一般的な評価と一致しなければならないということはなく、その本を読んで喜びを体験し自分の心に更に新たな愛すべき宝を添えることが重要なのではないだろうか? また別の人が私に対して、世の人々がとっくに時代遅れになったと考えるジャン・パウルの作品ほど私が愛する作家はいない、ということをまるで犯した罪を懺悔するかのように慄きながら告白したことがある。だが譬えそれによって世間から孤立しようとも、ジャン・パウルを読むことに心の内なる喜びを抱くことは、ジャン・パウルは決して死んで時代遅れになったのではなく、まだ生きていて影響力を持っていることを十二分に示している。

こういった自分の好みに対する不安や不信感、識者や専門家に対する度を過ぎた尊敬はほとんど害悪をもたらす。最良の本百冊とか、最良の作家百人なんてものは存在しないのだ！全く的確で、誰もが賛成するような一般的な批評もないのだ！軽率でいい加減な読者は最初にある本にうっとりしてそれを感激しながら褒めるが、後になって再読してみるとそんな気持ちにはとてもなれず、恥ずかしさのあまりその本について沈黙してしまうことがあるかもしれない。だが何らかの本に対して親しい関係をもち、何度も何度もそれを読み返すことができ、読む度に新しい喜びと満足感を堪能できる人は、自分の感情を信頼できるし、その本を読むことによって得られる喜びをいかなる批評によっても傷つけられることはないだろう。人生の間に童話しか読まない人がいるかと思えば、自分の子供たちにあらゆる童話を読むことを禁じ、決して子供を童話の本に近づかせない人もいる。本当の読者というのは決まった型や基準に従って読書をすることは決してなく、自分の感情と心の欲求に従って本を読んでいく。かといって私は乱読することを勧めている訳では決してない。確かに新聞の切れ端の隅々まで読まなければその新聞を捨てるようなことをしない、濾過器に水をジャンジャン注いでいくように手当たり次第に読んでいく貪欲な読者もいる。この病的なほど貪欲な読者は助言を与えてもそれを治療することはできない。このような人の欠陥は単にその読み方にあるだけではなく、もっと深いところ、つまり彼の性格そのものにある。このような人々は人間性としても程度が低い。譬え最良な読書方法を以てしても有益で愛する価値がある人間へと彼らを変えることはできない。だが文学や芸術に関して他人から助言や助けを得ることができないものの、読書に関して簡潔だが親切な手引きを受ければ生きる喜びと内的価値を育てることができる真面目な男性や女性は結構たくさんいる。そしてこういった人たちが、迷わずに自分の心の欲求に従い、流行に惑わされることなく、自分の気に入ったものを忠実に読み続ければ、過度にへりくだり、批評を毎回聞くたびに畏怖しながら批評家が勧める本を読んでいくよりも、はるかに早く確実に真の教養に到達することができるだろう。こういった人々は、若者の作品、ある大家の門下生の作品や追随者の作品に偏在する文体調を発見しては喜び、鑑賞眼をより鋭利に錬磨させながらその文体調が更に純粋で力強い響きを持っている方向へと舵を切り、最終的にはその文体の名匠に到達するだろう。そしてその時にその人は、その名匠はほとんど知られておらず、その名匠の追随者、おそらくその名匠よりも劣った力量の模倣者が偶然によって世の人々に読まれているのを発見して驚愕するかもしれない。このようにして自分自身の探求で、ゴットフリート・ケラー、メーリケ、シュトルム、イェンス・ピーダ・ヤコプスン[137]、ヴェルハーレン[138]、ウォルト・ホイットマン等の本当の意味での名匠に到達したものは、最も学識ある専門家よりもこれらの作家について深い知識を持っていて自分のものとしているのである。このような発見は自分の打ち立てた方向性や己の判断力に対する信頼を確固とするだけでなく、その人が体験できる喜びの中でも最も高級で純粋な喜びを体験できるのである。

読書は他の娯楽と同じである。我々がその娯楽に対してより内的に心を込めて没頭するほど、それだけ一層その楽しみは深くなり、持続するものである。人は己の本と友人や愛人のように接しなければならず、どんな本でもその固有の本質をそのまま評価し、その本質とは無縁なものを要求してはならない。我々は行き当たりばったりに読んではならないし、慌ただしく異様な速さで読んでもならない。感性が落ち着いた時間に読むべきだし、読むにあたっても間暇と心が安楽している必要がある。我々に特に優しく親しみを覚えさせる言葉で語ってくれる愛読書は、できる限り音読するべきであろう。

外国語による文学作品はもちろんできる限り原典で味わい、よほど大きな犠牲が必要でない限り、原典で読むだけの語学力を維持する努力を怠るべきではない。だがこの点に関してはそこまで厳格に心を払う必要はない。外国文学の作品は、たくさんの労力を払いそれでも流暢に扱えない原文を外国語で読むよりも、良質な翻訳で読んだ方が理解できるし多くの利益を引き出すことができる。ダンテやシェイクスピアやセルバンテスを原文で読める人はとても少なく、なのに多数の人々がそれらの作家を愛好している。無益であり、危険でもあるのは、絶えず新たな味わったことのない刺激を求めて今日はペルシアの童話、明日は北欧神話、明後日は現代アメリカの幻想小説を手に取っていき、多数の文学を乱読していくことである。焦りながら早急に読んでいき、至るところでつまみ食いをし、いつも単に最も刺激的で珍しく精選されたものだけを求める人は、文学における表現の味わいや美しさを堪能する能力が腐敗していく。このような読者は、洗練された教養ある芸術愛好者という印象を他人に与えるが、実際は単にごちゃごちゃした知識や、くだらない風変わりなことに関してだけ精通しているに過ぎない。このような落ち着きなく永遠に獲物を狩り続ける読み方よりは、むしろそれとは反対に、ある一人の著者が書いた作品群を長い時間かけて読んだり、ある一つの時代や学派の作品に限定した方がはるかに好ましい！人は徹底的に知っている事柄だけを所有していると言える。現代ドイツの最良の作家三、四人の作品を完全に繰り返し読んだ者は、あらゆる時代や国々の作品の抜粋や断片を落ち着かない好奇心に駆られて大量に飲み込んだものよりもより豊かでありより多くのことを学んだ者と言うことができるだろう。少数の本を徹底的に知っているので、その本を手に取っただけでその本を読むのにかけてきた多くの時間を思い起こすことができるのは、千の本の題名と詩人の名前だけの漠然とした記憶でいっぱいになった頭よりも、ずっと高尚で満足感を覚えることができる。

だがそれでもやはり文学的教養なるものはあるのであり、それは最良の作品を知ることであり、文学に関する判断力を下す能力である。その文学的教養は文学全般を、文学作品の各々が相互に関連しながら全体として形成されていることを理解することによるものであり、そのための努力を惜しまない者が文学的教養を獲得できるのだ。だが、この文学的教養は世界文学の歴史について通読すれば得られる代物ではもちろんなく、古来の最良の作家そのものに精通することによってのみ得られるものであり、譬えそれが翻訳されたものや簡素な選集に収められているものであっても、である。たくさんのギリシアやローマの作家を知っている必要はないが、少数の作家に関してはその分だけ注意深く読まなければならない。少なくともホメロスの叙事詩の一つ、ソフォクレスの作品の内一つだけでも入念に読めば、文学教養としての第一の基礎を形成できる。同様にホラティウスの小さな選集やローマの悲劇詩人や風刺詩人の小さな選集（ここではガイベルの[139]『古典歌謡集』を強く推薦しておきたい）、そして数編のラテン語の書簡や演説も読むべきである。

初期中世における文学作品では第一に『ニーベルンゲンの歌』と『クードルン』[140]を、それから若干の寓話集・説話集・民衆詩集と若干の年代記を読むべきである。更にヴォルフラム・フォン・エッシェンバッハの『パルツィファル』、ゴットフリート・フォン・シュトラースブルクの『トリスタンとイゾルデ』、ヴァルター・フォン・デア・フォーゲルヴァイデを読んでみるといい。古代フランスの説話に関してはアーデルベルト・フォン・ケラーが収集・翻訳している。ダンテの作品では『神曲』を心から楽しんで読めるのは少数の読者だけであるが、それよりは読みやすい小編の『新生』、つまりベアトリーチェと彼の関係を描いた物語は、ダンテにより近づきやすい印象を与えてくれる。それ自体美しく面白く、また後世の物語芸術においての模範と基礎としての重要な意味合いを持つ古いイタリアの短編作家たちの作品については、パウル・エルンストが彼の『古いイタリアの短編小説集』に卓越した翻訳を施した優れた選集として出版されている。

いわゆる「古典作家」に関しては本当は評価してないが、上辺だけ評価する姿勢を示す人々が多い。だが本当に偉大な作家、何よりシェイクスピアとゲーテを知ることは避けて通れない。シラーに関しては最近ある種の過小評価がなされるという馬鹿げた病的とも言える傾向が見受けられるが、それについて気にする必要はない。レッシングも幾分か不当にも軽視されている。これら偉大な作家たちに関しては、その作家の批評等を読むべきではなく、少なくともまず彼らの作品そのものを読む必要がある。ある作家についての研究論文や伝記をあまりに読みすぎると、その偉大な作家の作品それ自体を読むことによってその作家の本質を知り、その作品と作家のイメージを己で形成するという素晴らしい体験が最も簡単に損なわれてしまう。そして作家の作品他に、その人の書簡、日記、対話、例えばゲーテの、等も忘れてはならない。その作家の源泉に簡単に手を伸ばせる場合、第三者からわざわざ説明してもらうべきではない。いずれにせよ、伝記を読むのなら最も優れた伝記のみを読むのが良い。劣悪な伝記は掃いて捨てるほどあるのだから。

ここで私は「人生という本」について話したい。このような本は最も広い意味で、一人の重要な意義と価値を持ち、模範的な人間が我々に生活術、つまり人類の永遠とも言える問いに彼個人としてその回答を直接的に提供してくれる本である。その回答が理論的な教訓に基づいたり、その人の経験と生活術に関する彼の考えの記録という形で提供されたりする。したがってこの最後のジャンルに属するものは、重要で、善良で、賢明な人々による書簡、日記、回想記を含む全ての書物である。このジャンルにおいては、あらゆる時代の価値ある作品のうち三分の一の作品が属するだろう。この類の本で最近出版されたもののうち名前を上げるだけの価値があるのは、ビスマルクと彼の家族との往復書簡、ラスキン[141]の『過去の諸々』、ゴットフリート・ケラーの往復書簡、ヘルツフェルト[142]によるレオナルド・ダ・ヴィンチの手記の選集、ニーチェの書簡、ロバート・ブラウニングとエリザベス・バレット[143]の往復書簡などである。これらを読むことから始めて、更に多くの作品を探究する人は、大量の宝物を発見することだろう。

ここから更に重要な著作家の学問上の、あるいはエッセイ的な作品が続いていく。これらにおいては、論じられる見解と文体の個性や独創性が読書の興味を倍加させ、それを読むことによって単に論じられている対象だけでなく、同じ程度に作者の高い意義と価値を有する特性に親しむことができる。この類の作品としては、たとえばブルクハルトの『イタリア・ルネサンスの文化』、ラスキンの『ヴェニスの石[145]』や『胡麻と百合』、ペイター[144]の『ルネサンス』、カーライルの『英雄と英雄崇拝』、テーヌの『芸術哲学』、ローデ[146]の『プシュケ』、ブランデス[147]の『十九世紀文学主潮史』等々がある。

そして最後にこのジャンルにおいて少数だが格別な宝の価値を持つ、深遠で傑作と言えるほど優れた伝記がある。伝記で伝える対象の人物と同レベルの精神性を持つ伝記作家が、優秀な金細工師が宝石に関してそれを支える台や宝石の下に敷く箔を厳選して細工するように、伝記作家は対象人物についての資料をうまくまとめ、深い理解力を用いて、その対象人物の生活と内面性を編集や校訂によってその真実性が削がれることなく、その伝記記述の重みと影響力を以て、その対象人物をこの上なく真実に比類ないほど明瞭で高貴な光によって照らすのである。このような作品に関してはたとえばユスティ[148]の『ヴェラスケス』、サバティエ[149]の『アッシジのフランチェスコ』、ヴェルフリン[150]の『デューラー』、ヘーン[151]の『ゲーテに関する思い』など若干のものが挙げられる。リカルダ・フーフ[152]の『ロマン主義の開花期』における人物・作品の特徴描写、ヘットナー[153]の『十八世紀の文学史』もここに含まれる。

更にその個性が強烈で強い情熱を持ち、文体を磨いたり客観的な描写する方には気を払わないゆえに、その作家の作品が全部個人的なスピーチ、対話、告白だと思わせるような作家もいた。このような類の作品は、芸術作品として非難の余地がないとは言えないけれども、特別な刺激と価値があり、このような作家は大抵の場合奇抜な癖を持つ変人であることが多いので、我々はこういった人に対して芸術家としての最終的な客観性が作品に仕上げられているのを要求しようとは全く思わない。読者に潤いをもたらしてくれるこのような特質を幾分か持った作品としてはヴィルヘルム・ラーベやペーター・ローゼッガー[154]やフリッツ・リーンハルトである。だが、この件に関する典型的な例としては格別に頑固で大胆で、辛辣でユーモアに溢れた長編『この人もまた……』を描いたフリードリヒ・テオドール・フィッシャー[155]と、『マックス・ハーフェラール』を描いたムルタトゥーリ（オランダ人で本名はＥ・Ｄ・デッケル）であろう。これらの本は卓越した芸術作品だが、それ以上に力が充溢している記録書であり、どんな型にも当てはまらない独特な形態を持つ作品である。

これら全ての「人生という本」のうちの多くの本は、一般的に知られている文学からは孤立して佇んでいて、読者が探し求めてくれるのを熱烈に待ち望んでいて、これらを読むことは教養ある読者としては贅沢な喜びであり、同時に任務でもあろう。そしてこういった本がその人の蔵書にあるかどうかが、その蔵書とその所有者の個性を最も確実に判断しうる材料となる。

本

本当の意味での「本道楽」は今まで述べてきた考察の境界を越えたところから始まるものであり、この点でこれは格段の繊細さを必要とする趣味であるとだけは言える。この道楽においては広汎な知識と特別な才能がまず前提として必要である。ほとんどの読書愛好家や蒐集家は、本を取るにあたって特定の作家に限定したり、特定の時代や種類の本だけを完全に蒐集しようとしたり、何世紀にも渡るある一定のテーマについてのみ書かれた本を集めるが、この場合は異様なまでに奇人めいた態度や、滑稽なほどの野心や競争心が見受けられる。

本の特殊な道楽といえば、たとえば本の印刷技術の最も初期の産物（だいたい一五〇〇年まで）、ある特定の芸術家、あるいは銅版彫刻師や木版師のヴィニエットと挿絵のついた本の蒐集、最も版が小さい本（顕微鏡がなければ読めない印刷物）や古くて高価な装丁本の蒐集である。中には作者が直接にサインした作品を集めている人もいる。しかしこういった道楽は世界的に有名な蒐集家や大規模の古書売買業者がほとんど極度な道楽としてこれらを磨き抜いたので、もはやそれ自体が芸術としてまで高められた趣味となった。そのためにこういったことは今まで趣味でなかった者がある日やってみようと思っても、やめておいた方がいい。

好きな作家の作品のうち、初期のもの、特に初版を集めることは、洗練されている趣味とはいえ特定の書物収集家に限定されるものではない。過度に神経質な読書好きが、自分が愛読する本を出来る限り初版で読み所有することは実に内面的な意義深い享楽である。その紙や活字や装丁において、雰囲気抜群の古色蒼然とした雰囲気が漂っていて、その作品が誕生した時のことを思い起こせるだけなく、その本を全ての世代の人が手に取って崇拝していたことに想いを馳せて、喜びに浸かることができるのだ。

更に、我々にとって特に感動的で刺激になることは、知っている人が以前所有していた古い本を自分が所有することであり、たとえば自分の家族や自分と仲のいい人の家族が継承してきた本は、その本の中には父祖が名前やメモを書きこんだりしているのが見られ、それが固有の歴史を持っていて、その本を敬愛して所有している自分にその本の伝統と過ぎ去った文化を断片的に伝えてくれるからである。ある人がたとえばアイヒェンドルフやホフマンや古い年刊カタログの初期の版を所有していたら、それらの本をかつて自分の祖母や彼女に続いて自分の母が読み愛していて、自分にとって親しい故人の筆跡で気に入った箇所に線が引いてあったり、印をつけるために挟んだ栞が黄ばんでいるのを見つけたりしたら、譬え現代の高価な版があったとしてもこれらの古い版と交換しようとは思わないだろう。

これで十分だろう。本の収集の道楽や趣味に関しては手短に記述できるものではないし、特有の研究が要求される。この分野に興味のある人は、ミュールブレヒト[156]の優れた『書物道楽の歴史』を推奨したい。

しかし今は、我々が自分の本をどのように扱い、そして手入れをするべきかについて語っていきたい。我々が購入しずっと手元におきたいと考えているほどに高く評価している本を買い求めて、どんどん家の蔵書が増加していくと、蔵書の所有者は大抵の場合やがて本の外観に関しても気になるようになり、欲が出てくるものである。単に一回だけ読むのならどんな版でも問題はない。だが繰り返し何度も読みたくなるような本に関しては、できる限り素敵で自分の気にいるような版で、なおかつ実用的で耐久性のあるものを所有するのが望ましい。そのために多種多様な版が存在している作品に関しては、どの版を手に入れるかについて熟考する必要がある。テキストが完全に再現されていて欠損がなく、簡略化されていないことを大前提として、その版が読み手にとって何よりも読みやすく、文字がはっきりとしていて、均整であるものを探すべきである。さらに紙が丈夫かどうかも確認しなくてはならない!ドイツではここ数十年、主に古典作品の廉価版において、書物倉庫の包装から出されて光と空気が当たって手に取っていざ読んでみると、みるみるうちに紙が黄ばんでボロボロになるような悪質な紙が無責任にも頻繁に使用されてきた。つい最近になってようやく望んでいた改善策が取られるようになった。昔の作家の作品で現代では優れた版を見つけ出せないという人は、古書店に赴き特に紙と活字において良好な状態が保たれているものを相談してみると良い。昔の数人の重要な作家、たとえばジャン・パウルの本は、現代ドイツで熱心に版を刊行してはいるが、使用に耐えうるような新版はない。

更に大きさと装丁についても注意したほうが良い！やたらと豪華な巨大な版や小さくおもちゃのような小型版は使い物にならない。そして出版社が単に本の値段を安くするために、多すぎるページを一冊に凝縮して出版したために、ほとんど読めず無用なものもある。特に出来る限り煩わされずに読んで味わいたい詩人の作品に関しては、軽くて携帯しやすく、ページを開きやすい本だけを買うようにすべきである。そして必要な場合は、出版社が一冊の詩集に凝縮したものを、扱いやすいように二部か三部の冊、あるいは多数の冊に分けるための費用を惜しんではならない。私に関しては、一つだけ例を挙げるとするならば、グリーゼバッハが刊行したE・T・A・ホフマンの非常に分厚い四つの巻は、長い間私がそれらを十二の軽い分冊にするまでは、作品を読んで味わうことができなかった。

ちゃんと丁寧に製本された本は、よほど安価なものではない限り、例外なく針金綴じではなく糸綴じのものを購入するべきである。針金綴じは現代における工場製本における最も不快な悪習ともいうべきであり、すでにそうなりつつはあるが世間の消費者が購入するのを差し控えるべきである。多くの出版社がこの悪習を行っており、しばしば高価な本においてすら行われることもある。原版が針金綴じであったり、その表紙や色合いが購入者にとって気に入らない場合は、多少値はつくがその本を自分で装丁したり綴じたりすると良い。本の所有に喜びを見出す人は、多くの場合自分の好みに応じた自己流の装丁を施すことを好むだろう。この場合、自分の各々の本を出来る限り上質に、扱いやすく、個性的な装丁を施すように、自分の希望やデザインの嗜好に従い、色合いや表紙の色や素材を自分で選択し、自分の本を他人の本と比較して際立たせ、それと分かるように自分らしく個性的にし、自分の各々の本に敬意と愛情を示すことができる。そして表紙のタイトルも自分の好みに応じて形成し、好きな活字をのせることができる。自分がある意味では共同製作者となり、所有する本に深い熟慮を払い、愛情に満ちて扱うことで本を所有するという喜びは著しく増大し、それによって独特な魅力を堪能することができる。そして自分だけのその版は、世界にある他の全ての版とは顕著な違いが見受けられ、単に所有者の蔵書印刷を押したり、蔵書票を貼付するよりもずっと素晴らしく魅力でいっぱいの目印となる。自分の集めた蔵書を全部自分で装丁する蒐集家は、たとえば自分の本が無くなった場合は、どんな落款や蔵書印がその本にあったとしても、それらよりも自分が装丁したその表紙によって確実に取り戻すことが出来るのである。

これに続いて、いよいよ蔵書の本当の世話が始まるのである。人は自分が愛読する本は、扱いやすく手元においておくことを好み、大切にそれを扱い、損なわれるのを避けようとする。本を保管する最良の方法は、壁に向かって設置された簡単な棚のついた本棚で、強い日光を遮るためのせいぜい簡素なカーテンをつけるだけにして、ガラス戸はない方が良い。この本棚あるいは本箱は、一番下に特に高く奥行きのある大きな棚をつけ、その上には高さを自由に調整できるための可動式の棚板をつけたものが最も良い。自分自身の図書室あるいは書斎を持つ者は、その部屋の壁に何かしらの装飾をつけるのではなく、どちらかというと本棚に陳列された本の背の列を主要な装飾としての役割を持たせるべきである。そしてその部屋には埃が溜まらないように注意する必要がある。無論埃よりも、湿気と換気の不足によって発生するカビが本の最も有害な敵である。埃による損傷から本を守るためには、たまに本を一冊ずつ軽く叩いて埃を払い、本が開かないように本棚にびっしりと並べることだが、あまりにもぎゅうぎゅう詰めにしないようにしなければならない。本を使用するにあたっては、当然ながら清潔に入念に取り扱う必要がある。特に本を読むのを一旦やめる際に、本を開いたまま机の上に置きっぱなしにする有害な習慣は避けるように注意しなければならない。また栞としては厚いもの（折りベラ、定規、鉛筆等々）ではなく、一枚の紙か布、絹布の栞を使用するべきである。特に丁寧に扱いたい高価な装丁が施された本に関しては、薄いボール紙で簡単なケースを作り、それに色紙や亜麻布や刺繍や絹布等を使い自分の好みで多種多様に装飾することもできる。

自分の蔵書を配列し、その配列を維持し更に組み立て広げていくことは、書斎の所有者だけが味わい得る喜びである。たとえば学術書と文芸作品を分けたり、古い文学と新しい文学を分けたり、分けた各々の分野でもその本の言語や専門分野によって更に分け、それらの各々の分野を正確に入念に整理するといいだろう。こういった区分けは、多くの場合執筆者の名前のアルファベットの頭文字によって行われる。この区分けは簡単で確実であろう。これよりも洗練された分類整理の仕方として、自分の蔵書の中の多様な原則と本同士の関連によって、刊行順や歴史順、あるいは熟慮の末の個人の嗜好に応じて並べたりすることがある。数千冊の本が収められている個人の蔵書を私は知っているが、それら全ての本をアルファベット順でも年代順でも並べるのではなく、むしろ完全に個人の独断評価に基づいてどの本とどの本を隣り合わせにしたり、順位を決めて配列したりしている。そしてこれでもなお、人が彼にある特定の本を読みたいと思って任意に懇願すれば、即座にこの人が取り出せるほどに蔵書全体は秩序立って整理されており、彼の壮大な収集本全体を睥睨できるのである。こうやって次第に書斎が形成されていき、譬えまだほんの小規模なものでも壁の本棚を満たすようになっていき、一冊一冊が購入した日と初めて読んだ日を懐かしく思い出させるような小さいながらも貴重な本の列を形成していくようになると、本を所有する優しい喜びが日に日に増していき、そして以前何故本を収集して蔵書を組み立てることをせずに生きられたか、とても不思議に思うようになる。その本の素材が、譬え工場で大量生産された価値の低い規格品であろうとも、それでもそれは精神によって高貴になったものであり、小さな奇跡であり神聖なものであり、どの良家においても名誉としての座を占める価値があり、楽しみと心の高揚を読み手が願えばいつでも享受できるように静かに待機している源泉である。本のない家というのは貧しいものであり、譬えその家が豪華な絨毯によって床が敷き詰められていたり、高価な壁かけと絵画が壁にかかっていたとしても、である。そして自分で本を知り、所有し、愛する者だけが、成長していく自分の子供たちの読書欲を理解でき、役立つ現実的な援助を与えることができ、彼らが賤しい本を読んだり古典作品をつまみ食いしたりすることから守り、彼らの若き魂に精神と美の王国を開かせることができるのだ。このような人は、『ファウスト』や『緑のハインリヒ』あるいは『ハムレット』を自分の子供に初めて手渡し、子供を自分の書斎の共同所有者として、そして愛すべき客人として迎え入れる時、これらの傑作をどこかしら新しく、その素晴らしさが倍加したものとして楽しむことができるようになるだろう。

読書について

いくつかのタイプを名付けて、それに応じて人間を分類するのは我々に生まれながらにして備わっている欲求である。テオフラストス[157]の『人様々』や我々の祖父の世代で分類された四つのタイプの性格と現代の心理学を鑑みれば、こういった人間性格の種類ごとの区別が好まれていることが感じられる。そして無意識のうちに人は自分と交際のある人々を、子供時代に自分にとって重要な存在であった人たちとの類似性に基づいて、様々なタイプに区分けするものである。

そういったタイプ分けは個人の純粋な経験に基づくにせよ、あるいは学問的な分類に基づくにせよ、人間を理解するにあたって有益で助けとなるものだが、ここではこういった経験に基づいてタイプ分けの全体図を把握することはひとまず置いておくとして、人間各々がそれぞれのタイプの様々な特徴を持っていて、そして各々の性格と気質が状況の移り変わりにより同じ人間でも異なった様相を示し、そして人間個人の中に唯一無二も言える個性を発見しようとするのは望ましいことでありまた実り多いことである。

私は本の読み方について次の三つのタイプ、というよりむしろ三つの段階に分類しようと思うが、それは読書というものをこれら三つの種類にくっきりと分けて、ある人はこの種類、別の人はこの種類という具合に分類しようというものではない。そうではなく我々読書する者は皆、時にはこの種類に分けられ、時にはあの種類に分けられるということを私は意図している。

第一の種類は、単純浅はかな読み方である。我々の誰もがこういった読み方をすることは大なり小なりある。読者はまるで料理を食べるかのように本を読み、その場合無思考的に内容を吸収するだけであり、インディアンの本を読む少年であれ、伯爵夫人の小説を読む女中であれ、ショーペンハウアーを読む学生であれ、たらふく食べて吸収するのである。このような読者と本との関係は個人と個人との関係ではなく、馬とまぐさおけ、あるいは馬と御者との関係と言える。本が先導して、読者がそれにくっついていくという具合である。本の中の素材を嘘のないものとして受け取り、それらを実在のものだと見なすのだ。しかしそれは学識のない読者だけがするのではない。非常に教養豊かで、洗練された、特に純文学の読者もこの単純浅はかな読み方をすることがある。このような優れた読者は本が提供する素材に寄り掛かることはなく、読んでいる長編小説を例えばその中で生じる死亡事件や誰それが結婚したなどの観点から評価することはないが、だがその小説の作者を完全に受け入れてその本の美学的な側面を無批判的に真実と見なし、作者により微妙な感情の揺れ動きをそのまま味わって物語の世界に没入し、作者自身が与えている解釈をそっくりそのまま肯定して受け取るのである。貧しい精神の持ち主はその作品の素材や舞台環境やシナリオに重点を置いて評価するが、教養ある読者ならその作品の技巧、文体、作家の教養、そして精神性に重点を置いて評価する。後者の方の読者は、これらを若き読者カール・マイ[158]のオールド・シャッターハントの行為が実際にあったことと評価したように、客観的で作者の最も高度で最も重大な価値と見なすのである。

これら無批判的な読者は、あくまでその本との関係性に重みを置き、人や自分自身とではない。長編小説で生じる出来事をその緊迫性、スリル、官能、華々しいか惨めかということを観点にして評価する。あるいは作者の作品における美学的な描き方の力量に注視し、結局は常識的で慣習的な範疇に留まるのである。この読者は、本は注意深く正確に読んで内容や形式を評価するためにあるものだと考え、それ以上のことは考えようとしない。それは、食べ物は食べるためにあり、ベッドは寝るためにあるものと考え、それ以上は考察しないという具合である。

だが我々は世の中のあらゆるものと同様に、本も全く別の観点から評価することができる。人は己の教養ではなく己の性分に従うやいなや、児童となり様々な事物と戯れ始める。パンを山と見立ててそこにトンネルを掘り、ベッドを洞窟や庭園や雪原と見立てたりするのである。

第二の種類の読者はこういった児童性や遊戯の才分を幾分か持っている。この読者は本をその素材や形式を唯一無二のものとして評価することはない。こういった読者は子供が知っているように、各々の事物は十や百の意味合いを持つことを知っているのだ。この読者は例えば、作家や哲学者が自分と読者に事柄の意味合いや評価を伝えるのにどれほど努力をしているかを思い描いて眺め、その努力を微笑ましく思うことができ、一見述べられていることが作者の自発性に基づき自由に書かれているが、実際は強制的なものを外部から受けて消極的な状態で執筆されているのが見受けられると考える。このような読者は、大学の文学教授や文芸評論家でも殆ど全然知らないようなことをもすでに知っているのである。つまり作家が選ぶ素材や形式が自由に取捨選択されるようなことはないということを。文学史の専門家が「シラーは××の年にこれを素材にして、それを五脚韻の形式で詩作することに決めた」と書いているのを読者が読むと、素材も韻文の形式も詩人シラーが自由に選んだわけではないことを見抜き、素材が詩人シラーの手中にあるのではなく詩人シラーが素材の手中にあることに基づきその作品を楽しむ。このような観点から作品を味わう場合、いわゆる美学的な価値というものはさっさと色褪せ、むしろ美学からの逸脱や不安定さにこそ大きな喜びと価値を見出すだろう。というのもこの種の読者は作家を馬が御者を追うが如く辿っていくのではなく、狩人が獲物を追跡するように作者を辿っていくのである。そして見かけ上は作者が自由に創作した部分もその裏側では作者が外部から強制を受け支配されているのを突然見抜くことで、作者の優れた技巧や洗練された文体のいかなる喜びよりもより大きな興奮がその読者にもたらされるのである。

更にこの道を続けていき最後の段階に進むと、読者の第三のタイプ、最後のタイプを見出すことができる。繰り返すが、読者の誰もがこれらのタイプのどれかにくっきりと一貫して区分けされる必要はなく、今日は第二のタイプ、翌日は第三のタイプ、翌々日は再度第一のタイプに属することもあるということは強調しておきたい。

それでは第三の、最後の段階についてである。第三の段階は通常「良き」読者と呼ばれるものとは見かけ上は正反対である。この第三のタイプの読者はとても個性的で確たる自己を持っているので、読んでいる書物に対して完全に自由な観点で向かい合う。本を読むのは教養のためでも楽しみのためでもなく、本を世界のあらゆる事物と全く同じように取り扱い、彼にとっては単なる出発点であり、刺激に過ぎないのだ。何を読んでいるのか、それは彼にとっては根本的にどうでもいいことである。ある哲学者を信じ、この哲学者が書いている内容を獲得するために哲学書を読む訳ではなく、また敵対したり批判したりするために彼の哲学体系に当たるわけでもない。ある文芸作家に関しても、この読者は世界の解釈の意味合いを会得するために彼の作品を読むというのでもない。この読者は自分で解釈するのだ。彼は、こう言っていいならば、全き子供なのだ。あらゆる事物と戯れ、そして特定の視点で考えてみれば、あらゆることと戯れるほど実り多く有意義なものはないのだ。この類の読者がある本において、美しい文だったり叡智だったり真実が述べられているのを発見したら、まず彼は試しにそれらを捻ってみる。元より承知しているのだ、ある真実はその反対のものも真実であることを。そして全ての精神的見解は一つの極点であり、それとは正反対に位置する極点もまた同等の価値を有するということも知っている。思考を次から次へと連想させていくことが大好きな点で子供だが実際の子供とは違うのは、彼は他のことも知っていることである。そのためこういった読者は、というより我々読書する者は皆、この段階にいる限りでは、長編小説にしろ、文法書にしろ、列車の時刻表にしろ、印刷会社の活字見本であれ、自分の読みたいものを何でもこのように読むことができる。我々の空想力や思考の連想が極度に高い水準に達した時は、目の前にある紙に書かれていることをもはや読むのではなく、読んだものから心に湧き上がってくる刺激や着想の川の流れの中を泳いでゆくのである。それは紙のテキストを読むだけでも生じうるし、それどころか印刷された文字の形からさえ生じることもありうるのだ。新聞広告からも何かインスピレーションを受けることがある。全く興味のない言葉を捻ったり、その文字とモザイク遊びなどして戯れていると、その言葉からとても楽しく、陽気な考えが生じることもある。このような状態では、赤ずきんの童話を何か宇宙進化論の本とか哲学書とか奔放な官能的な文学作品と見なして読むことも可能である。あるいはタバコの箱の「コロラド・マデューロ」という字を読んで、その言葉や文字やそこから生まれる連想と遊び、その際には知識と思い出と思考の幾百の領域を隅々まで徘徊することができるのだ。

だが、ここで誰かが私に異議を唱える。それは読書と言えるのだろうか？ある人がゲーテの著作のある一ページを読んでいるとして、その際にその文のゲーテの意図や意見を無視して、何かの広告だったり言葉だったりが無作為にごちゃ混ぜになったように文字を読み進めていくような人を果たして読者と見なしてもいいものだろうか？君が最後の段階として第三のタイプとして挙げた読者は、最も低級で、最も子供じみて、最も野蛮なものではないのか？そのような読者にとっては、ヘルダーリンの音楽性やレーナウ[159]の情熱、スタンダールの意志、シェイクスピアの壮大さというのは無縁なのではないか？その異議は正しい。第三の段階の読者というのはもはや読者ではない。この段階に長いこと留まり続ける読者はもはや読むという行為をすることはないだろう。というのも、一枚の絨毯の模様や廃墟の中の石の配列はこの者にとっては、極めて巧みに配列された文字によって書かれた極めて美しいページと同程度の価値を持つからである。彼にとっての唯一本と呼べるのは、アルファベットの文字が書かれた一枚の紙だけであろう。

そういうことだ。最終段階にいる読者はもはや読者では全くない。彼はゲーテを軽くあしらう。シェイクスピアも必要としない。最終段階にいる読者はもはや読むという行為を全くしないのだ。じゃあ本は何のためにあるというのか?もうすでに彼の中に全世界が宿っているわけだから、もはや本はいらないというわけだ。

この段階に留まり続ける者は、もう何も読まないだろう。だがこの段階にずっと留まる者は誰もいない。だがこの段階を全く知らない者は、まだまだ劣悪で未熟な読者なのだ。彼はまだ知らないのだ、世界のあらゆる創作とあらゆる哲学が彼自身の中にあり、最も偉大な詩人ですら我々の本性が正しく持っている源泉と同じものから創作に従事したのだ。人生において一度だけでも、一時間だけでも一日だけでも、第三の段階に留まり本を読まないでみるといい。すると君は後に（元に戻るのは簡単なことだ！）より優れた読者となり、書かれた全てのもののより優れた聴き手であり解釈者になることだろう。路上の一つの石にもゲーテやトルストイと同じほど重要な意味合いを見出す段階に一度だけでもいいので立ってみるといいだろう。後にゲーテやトルストイ、その他全ての作家に無限の価値を、もっと多くの濃厚な果汁や蜂蜜を、人生にもっと大きな喜びを、そして自分自身を以前にもまして引き出すことができるだろう。というのもゲーテの作品はゲーテのものではなくて、ドストエフスキーの巻はドストエフスキーではない。それらは彼ら自身が中心になり周囲の多声的で多義的な世界を各自の作品に描き出す試みであり、その試みは決して的に達することがなく朧なものだ。

一度だけでも、君が散歩しているときに心に湧く思考の短い連想を、記憶に留めるようにしてみたまえ。あるいはもっと簡単なこととして、夜に眠っているときに夢の中で見た簡単な夢を書き留めてみるといい。ある男が君を杖で脅したあと、君に勲章を授けてくれた夢を見た。だがその男の正体は何だったのか？君は考える、君はその男の顔つきが君の友人や父親に似ているのに気づくが、だが少し違う感じがする。どこか女性っぽく、自分の姉妹や恋人をはっきりとは言えないものの、思い起こさせる。そしてその男が君を脅すのに使った杖には柄があり、それが君がかつて学生時代において初めてハイキングに行ったときに持っていった杖のことを思い起こさせる。そして何百何千もの思い出が君の脳裏によぎってくる。そして君がその簡単な夢の内容を例え早書きで短い言葉でもいいので書き留めようとすると、その男が君に勲章を授けた箇所に至るまでにすでに一冊の本、あるいは二冊、十冊の本を丸ごと書き上げてしまうことができるだろう。というのも夢は、君自身の魂の中身を覗き込める穴のようであり、その穴というのは世界である。それ以上でもそれ以下でもなく世界である。君が生まれてから今に至るまでの世界であり、ホメロスからハインリヒ・マン、日本からジブラルタル、シリウスから地球まで、赤ずきんからベルクソンまでの世界全体なのである。そして君が自分の夢を書き留める試みと、君のその夢が包括する世界との関係と同じような関係を、作家の作品と作家が表現しようとしたものは持っているのである。

ゲーテの『ファウスト第二部』は、学者や愛読者がほとんど百年間色々な解釈を行い、最も素晴らしい解釈や最も愚昧な解釈、最も深遠な解釈や最も皮相的な解釈を見出してきた。しかしあらゆる文学作品は、譬え分かり難く包まれているとしても、その表面の下には何とも形容できぬ無数の解釈が秘められており、これは今日の心理学者が言う「象徴の決定性の超越」というものだ。作品の内容がどこまでも無限にあり解釈し尽くせないことを譬え一度でも認識することがなかったならば、君はあらゆる詩人や思想家に対して狭い視野を持ち、一つの瑣末な部分を全体と見なし、表面の部分すら到達してないような解釈を正しいものと信じ込むのである。

これら三つの段階を読者が行き来するのは、もちろんどんな分野のどんな人間にも可能なことだ。つまり建築、画家、動物学、歴史学等の分野においても、これら三つの段階とそれらの間にある幾千もの段階を行き来することができるのだ。どの分野においても、君が一番君自身になれる第三の段階において君の読書生活は無くなり、作品は解体し、芸術は解体し、世界史は解体する。それでも君は、この段階を譬え漠然としてでも体感しないでは、全ての本、全ての学問、全ての芸術を、学生が文法書を読むようにしか玩味できないであろう。

【注】

1 Troubadour：オック語でtrobador。中世の南仏からイタリアにまでかけて活躍した、騎士道や宮廷での愛を主に歌った吟遊詩人の総称。

2 Jean Paul (1763-1825)：ドイツの小説家。「疾風怒濤」や「古典主義」そしてロマン主義という時代潮流と交わらない文学と世界観を独自に形成した。主要な作品に『ヘスペルス』や『陽気なヴッツ先生』などが挙げられる。

3 Clemens Maria Brentano (1778-1842)：ドイツ・ロマン主義の代表的な人物の一人として知られ、指向性の概念を導入し現象学に重要な影響を与えたフランツ・ブレンターノの伯父である。特に友人のアルニムと共にハイデルブルク・ロマン主義者の立役者として重要である。童話や抒情詩に渡る多数の作品を有する。

4 Karl Wilhelm Friedrich von Schlegel (1772-1829)：ドイツ初期ロマン派の思想家であり、ギリシア・ローマからインドに渡る幅広い古典世界の研究や言語、そして歴史哲学に関する研究を行った。特に一八二八年の『生の哲学』が重要な著作として挙げられよう。

5 Johann Jakob Wilhelm Heinse (1746-1803)：ドイツの、疾風怒濤の潮流に属する作家。翻訳や美術批評を行った。主要作品には古代に深い憧憬を抱いた芸術家を主人公とした官能的なユートピア小説『アルディンゲロ』（一七八七）等がある。

6 Johann Christian Friedrich Hölderlin (1770-1843)：シェリングやヘーゲルとの学友であったドイツの詩人であり思想家。書簡体小説『ヒュペーリオン』や多数の詩を執筆した。古代ギリシアへの深く傾倒に根差した汎神論的な世界観はニーチェやハイデガー等後世の思想家に大きな影響を与えた。またヘルダーリンは若くして統合失調症を患い、長い期間を塔の中で過ごすこととなった。

7　Annette von Droste-Hülshoff (1797-1848)：ドイツの詩人。幼少期より古典語を含む外国語の教育を受け、早くから詩作や絵画、そして音楽の才能を示した。主要な詩作品に『荒野風景詩』や『宗教の一年』など、散文作品では中編小説『ユダヤ人のぶなの木』等。

8　Reclams Universal-Bibliothek：一八六七年に創刊にされた、文芸や哲学、自然・社会科学等の書籍を廉価に提供している叢書。日本の文庫本文化の発祥とされる岩波文庫のモデルともされている。

9　Ludwig Tieck (1773-1853)：ドイツ・ロマン主義期の作家で詩人であり、セルバンテスの『ドン・キホーテ』の翻訳等でも知られる。主な著作に『金髪のエックベルト』等。

10　Martin Buber (1878-1965)：ヘブライ語では מרטין בובר 表記。オーストリアのユダヤ系出身の「対話の哲学」で著名な宗教哲学者。シオニズムにも関わるも最終的には離脱した。主著は一九二三年に刊行した『我と汝』とされる。他にもヘブライ語からのドイツ語訳聖書作成にも携わった。

11　Upanischaden：サンスクリット語で उपनिषद्。ヴェーダの関連書物であり、一般にこのウパニシャッドに基づいたウパニシャッド哲学で知られる。またヴェーダーンタ（Vedanta ／ वेदान्त）は古代よりインド哲学の主流とされヴェーダとウパニシャッドの研究を行っていたインド哲学の主要な学派の一つ。

12　Lukian (120 (~125?) -180?)：ギリシア語では Loukianos o Samosatefs。ギリシア語で執筆したアッシリア或いはシリア人の風刺作家であり、主著『本当の話』が高名である。

【注】

13 Gustav Schwab (1792-1850)：ドイツのロマン派に属するとされる作家であり詩人。三巻に及ぶ『ギリシア・ローマ神話』が重要な業績であるが、他にも詩や伝承に関する著作も執筆している。

14 Albrecht Schäffer (1885-1950)：ドイツの作家であり神話に関する研究と著作を執筆した。ジークムント・フロイトが「わが作家」と形容するほどに傾倒していたことで知られている。

15 Gaius Suetonius Tranquillus (70?-140?)：ローマ帝国の五賢帝時代の歴史家であり政治家である。カエサルからドミティアヌス帝までを記録した『皇帝伝』を執筆した。

16 Gaius Petronius (20?-66)：ネロ帝に側近として仕えたことで著名。ネロ期の堕落したローマを描き、風刺要素を含んだ小説『サテュリコン』の作者だとされる。

17 Lucius Apuleius (123?-?)：北アフリカ出身の弁論家。プラトンやソクラテスに関する作品を残しており、代表作である『変容』或いは『黄金の驢馬』はローマ期の小説で完全に現存する唯一の作品である。

18 Paul von Winterfeld (1872-1905)：ドイツの文献学者。業績としては本作品でも指摘されている『ドイツ詩における中世ラテン期のドイツ詩人たち』（Deutsche Dichter des lateinischen Mittelalters in deutschen Versen）が重要である。

19 Ludovico Ariosto (1474-1533)：イタリアの詩人。代表作はルネサンス期のベストセラーであり物語詩『狂えるオルランド』（Orlando furioso、一五一六年）であり、美しいお姫様と勇者の恋と冒険譚という王道構成を初めて創作した。

20 Christoph Martin Wieland (1733-1813)：ゲーテやシラーに並び評されるドイツ古典主義時代を代表

する作家であり詩人。シェイクスピアの翻訳や「小説」（Roman）というジャンルの開拓に重要な役割を果たし、後のドイツ・ロマン主義にも甚大な影響を与えた。

21 Benvenuto Cellini (1500-1571)：ルネサンス後期マニエリスムの代表的人物として知られる、芸術家イタリアの芸術家。ミケランジェロやメディチ家と深い関係を有していた。著作物としては本文にもある『自伝』で有名である。

22 Carlo Osvaldo Goldoni (1707-1793)：ヴェネツィア共和国の劇作家であり、膨大な数の喜劇を執筆した。彼はその喜劇においてヴェネツィア民衆を描き続け、彼らの描写を通して普遍的な人間性に迫った。

23 Carlo Count Gozzi (1720-1806)：十六世紀中頃にイタリア北部で発展した、仮面を使用したコンメディア・デッラルテ（Commedia dell'arte）という即興演劇を用いて「寓話劇」シリーズを生んだヴェネツィア出身の劇作家。

24 Giacomo Taldegardo Francesco di Sales Saverio Pietro Leopardi (1798-1837)：十九世紀イタリアの詩人で哲学者。虚無的な雰囲気を有する詩作品や近代を深く考察するような作品で知られ、イタリア国内以外にメルヴィルやカミュ、そしてショーペンハウアーやニーチェ等の外国の作家にも大きな影響を与えた。主な作品に『カンティ』や『断想集』がある。

25 Giosuè Alessandro Giuseppe Carducci (1835-1907)：イタリアの詩人、古典学者であり政治家。イタリアの統一を妨げているとしてローマ・カトリック教会を非難し、無宗教様式の寄宿舎を設立するなどの活動に携わった。イタリア人として初めて一九〇六年にノーベル文学賞を受賞した。

【注】

26 Deutschen Volksbüchern：リヒャルト・ベンツが一九一一年から一九二四年にかけて編集及び出版したドイツの民衆の間に伝わる物語を集めた書籍。全部で六巻よりなる。

27 Walther von der Vogelweide (1170-1230)：中高ドイツ語を用いて詩作した、中世ドイツ代表する抒情詩人（Minnesänger）

28 Gottfried von Straßburg (1170?-1210?)：未完ではあるが、中世ドイツの恋愛宮廷詩の代表として知られる『トリスタンとイゾルデ』（一二一〇？）の作者として知られる詩人。

29 Wolfram von Eschenbach (1160-1180?-1220?)：『パルツィヴァル』の作者として知られる中世ドイツの詩人。論理的で整った文体を得意としたゴットフリート・フォン・シュトラースブルクに対し、彼の文体は型破りなものであり、しばしば対立した。

30 François Villon (1431?-1463?)：中世と近世の間である十五世紀のフランスで活動した詩人。無頼で放浪的な生涯を送りつつ近代的な詩を残したことで知られている。『形見の歌』（一四五六）や『遺言詩集』（一四六一）等の詩集が高名である。

31 Lettres écrites par Louis de Montalte à un provincial de ses amis et aux RR. PP. Jésuites sur le sujet de la morale et de la politique de ces Pères：短く Les Provinciales と称される。一六五六年から一六五七年にかけてブレーズ・パスカルによって書かれた十八通よりなる手紙。神学的な議論に加えイエズス会の道徳性を非難する記述を書いたが故に議論を巻き起こした。

32 François Fénelon (1651-1715)：フランスの神学者・作家であり、ボシュエの論敵。彼の代表作は古典への深い造詣と想像力が特徴である小説『テレマック』でルイ十四世を批判する政治思想を展開した。また熱心なカトリック教徒であり、後代詩人のシャトーブリアンに多大な影響を与えた。

33 Alain-René Lesage (1668-1747)：フランスの劇作家であり小説家。フランシスコ・デ・ロハス・ソリーリャやロペ・デ・ヴェガといったスペインの作家に強い影響を受け、スペイン文学の翻訳に携わった。イギリス文学にも大きな影響を与え、チャールズ・ディケンズによってドン・キホーテ以来最大の小説と評された『ジル・ブラース』という物語集が重要である。

34 Antoine François Prévost d'Exiles (1697-1763)：フランスの小説家でありカトリック教会の聖職者でもあったためプレヴォ師（Abbé Prévost）とも称される。主著に、騎士のデ・グリューと美しい少女マノンと出会いと駆け落ち、そしてその後の不幸を描いた『マノン・レスコー』がある。

35 Alfred Louis Charles de Musset (1810-1857)：フランスのロマン主義の作家であり、ジョルジュ・サンドとの交際で知られ、その時の体験を基に長篇小説『世紀児の告白』（La Confessiond'un enfant du siècle、一八三六）を執筆した。他の著作に『マリアンヌの気まぐれ』（Les caprices de Marianne、一八三三）や『戯れに恋はすまじ』（On ne badine pas avec l'amour、一八三四）等がある。

36 Pierre Jules Théophile Gautier (1811-1872)：フランスの詩人であり小説家。高踏派的な姿勢や「芸術のための芸術」といった態度を有していた。またボードレールの『悪の華』では献辞を受けた。

37 Henri Murger (1822-1861)：フランスの詩人であり小説家。小説『ボヘミアン生活の情景』（Scènes de la vie de bohème、一八五一）が有名である。

38 Philip Dormer Stanhope (1694-1773)：イギリスの政治家であり著述家。特に政治家としては重要な地位を歴任した。生前はエッセイストやエピグラム作家として成功を収めたが、死後の名声は四百

【注】

通以上の手紙を収めた『チェスターフィールド伯爵の息子に与える書簡』（Letters to His Son on the Art of Becoming a Man of the World and a Gentleman）に由来している。なお、この手紙は息子の語学力涵養のため英語以外にラテン語やフランス語でも書かれている。

39 Henry Fielding (1707-1754)：イギリスの劇作家であり小説家。作家として以外に治安判事として働いていた。小説『トム・ジョウンズ』が重要であり、「イギリス小説の父」と呼称される。

40 Tobias Smollett (1721-1771)：イギリスの小説家。アラン＝ルネ・ルサージュの『ジル・ブラース』の影響のもと『ロデリック・ランダム』を執筆し、イギリス小説史にピカレスク小説を確立した。また一七五五年になされた『ドン・キホーテ』の翻訳でも知られている。

41 Laurence Sterne (1713-1768)：高橋昌久氏による翻訳「マテーシス古典翻訳シリーズI」の『センチメンタル・ジャーニー』（二〇二一年小社刊）の本文ならびに解説参照。

42 Ossian：スコットランドの伝説の英雄詩人。十八世紀の作家マクファーソンによる諸作品の語り部として知られている。

43 Percy Bysshe Shelley (1792-1822)：イギリスのロマン派詩人。古典や啓蒙主義の教養で知られ、作品には詩の『鎖を解かれたプロメテウス』やキーツの死を哀悼して『アドナイス』（Adonais）と『ヘラス』（Hellas）等がある。

44 John Keats (1795-1821)：二十五歳の若さで亡くなったイギリスのロマン主義詩人。叙事詩『エンディミオン』や叙情詩『ハイペリオン』、そして頌歌等の詩で知られている。

45 Thomas De Quincey (1785-1859)：イギリスの著述家であり、ギリシアやギリシア語への教養があった。主な著作に『阿片常用者の告白』（一八二二）があり、同側的に悪影響を与えたとのそしりもあったが、ボードレールに愛読されたり、ベルリオーズに霊感を与え『幻想交響曲』のきっかけとなったりするなど一定以上の影響力を有した。

46 Thomas Babington Macaulay (1800-1859)：ホイッグ党下院議員として活躍したイギリスの政治家であり、歴史や詩の分野でも多彩な執筆を行った。五巻に及ぶ（第五巻は未完）主著『イングランド史』は今日でも一定の影響力を保ち続けている。

47 George Meredith (1828-1909)：イギリスの小説家で代表作は一八七九年に発表された、美しい文体の用いられた『エゴイスト』であり、日本でも夏目漱石の『虞美人草』等に影響を与えたことで知られている。

48 Algernon Charles Swinburne (1837-1909)：イギリスの詩人。『レズビア・ブランドン（Lesbia Brandon）』の詩に見られるように、同性愛やＳＭ等のセンセーショナルな表現を伴う詩を多く発表した。

49 Francisco Gómez de Quevedo y Santibáñez Villegas (1580-1645)：スペイン文学史の中で最も知られた作家の一人であり、スペイン・バロック文芸の潮流の最有力者で、『大悪党 ブスコンの生涯』等の著作が重要である。

50 Charles de Coster (1827-1879)：十九世紀ベルギーを代表する小説家で、フランデレン人の父とワロン人の母を持つ家庭に生まれた。フランス語で小説を執筆し、ドイツ近傍の民衆本『オイレンシュピーゲル』を元に、フランドル地方を舞台とした代表作『ウーレンシュピーゲル』を一八六七年に

【注】

出版し、ベルギー国民文学の立役者として知られた。

51 Multatuli (1820-1887)：本名はエドゥアルト・ダウエス・デッケル（Eduard Douwes Dekker）。オランダ領東インドで植民地官吏として勤務していた。この時の経験が『マックス・ハーヴェラール』に反映されている。

52 יהודה הלוי (Jehudah Halevy) (1075?-1141)：イベリア半島出身のユダヤ哲学、ユダヤ詩の大家 であり、著書『ハザールの書』はユダヤ教の古典として極めて重要である。

53 Alte Edda：北欧の神話や英雄伝説を含む九世紀から十三世紀にかけて成立したとされる古ノルド語で書かれた文書群。

54 Skalden Egil (910-990?)：古ノルド語或いはアイスランド語で Egill Skallagrímsson 表記。過去の推定される発音ではエギル・スカラグリームスソンであり、エイイットル・スカットラグリームソンは現代語に基づいた発音。中世アイスランドの戦士であり詩人。『エギルのサガ』と呼ばれる散文の英雄譚で高名である。

55 Arthur Bonus (1864-1941)：ドイツの福音派牧師であり著者。キリスト教関連の活動と著作が中心的な活動であったが、一九二二年に『エイイットル・スカットラグリームソンの物語』や一九三七年に『春の北ゲルマン人のバラード』等の作品を残している。

56 Íslendingabók：アイスランドの聖職者アリ・ソルギルッソン（アリ・ソルギルスソン）によって十二世紀に書かれた初期のアイスランドの歴史書。簡潔な口語で書かれており、史料的な価値が高い。

57　Jørgen Frantz Jacobsen（1900-1938）：デンマーク自治領フェロー諸島に属するトースハウンに生まれ、デンマーク語で執筆の後母語のフェロー語へ翻訳する形で著述した作家。主な作品に一九三九年に出版された『バルバラ』がある。

58　Johan August Strindberg（1849-1912）：スウェーデンの劇作家であり小説家。ニーチェの影響を受けたり、ドイツ語やフランス語で執筆するなど興味深い執筆生涯を送っている。主著に『令嬢ジュリー』等。

59　Иван Александрович Гончаров（1812-1891）：「余計者」のオブローモフの生涯を描いた小説『オブローモフ』によりドストエフスキーにも称賛されたロシアの小説家。なお、「余計者」についてはトゥルゲーネフ著、南ゆき訳の『余計者の日記』（二〇二一年小社刊）を参照のこと。

60　Wrocław：ドイツ語でブレスラウ（Breslau）。現在のポーランド共和国西部に位置する都市。

61　Angelus Silesius（1624-1677）：ドイツのバロック文学の潮流に位置づけられる神秘主義的な詩人。ヤーコプ・ベーメやスペインの神秘主義の影響を受け、『智天使風の旅人』（Der Cherubinischer Wandersmann、一六七五）等の詩を残した。

62　Hans Sachs（1494-1576）：ドイツの詩人であり劇作家。職業は靴屋の親方であったが、一五二三年にマルティン・ルターを歌い上げた『ヴィッテンベルクの鶯』（Die WittenbergischNachtigall）の詩で名声を博した。

63　Hans Jakob Christoffel von Grimmelshausen（1621?/1622?-1676）：ドイツの作家。一六六八年にスペインのピカレスク小説をモデルとしたとされる、十七世紀のドイツ・バロック文学を代表する『阿呆物語』（Der abenteuerliche Simplicissimus）を出版した。

64 Christian Reuter (1665-1712)：ドイツの作家であり、その主著は『シェルムフスキー旅行記』である。『プシシヌの実直な女性』という物語ではモリエールの技法を取り入れた執筆も行っている。

65 Gottfried August Bürger (1747?/1748?-1794)：ドイツの詩人であり、多くのバラードを残した。一七七四年に執筆した『レノーレ』は高い評価を得たが、後にシラーによって酷評されたことで文筆家としての活動を終えた。

66 Friedrich Gottlieb Klopstock (1724-1803)：ドイツの詩人であり、変啓蒙主義的な作品を著作した。フランス詩の影響を排しドイツ詩に固有の躍動感を開拓するなどドイツ詩史に大きな影響を残した。

67 Johann Gottfried von Herder (1744-1803)：高橋昌久氏による翻訳「マテーシス古典翻訳シリーズⅢ」の『人間形成に関する私なりの歴史哲学』（二〇二一年小社刊）の本文並びに解説参照。

68 Johann Heinrich Jung-Stilling (1740-1817)：ドイツの敬虔主義者で眼科医。六巻からなる『自伝』（一七七七～一八一七）の第一巻はゲーテの称賛を受け、宗教的覚醒運動に影響を与え、夢や預言に重きをおく神秘主義的な作品を執筆した。

69 Matthias Claudius (1740-1815)：ドイツの詩人でありジャーナリスト。彼の詩作品で、病の床に伏す乙女と死神の対話を描いた『死と乙女』はフランツ・シューベルトが歌曲にしている。

70 Julius Petersen (1878-1941)：ドイツの文学史家。戦間期に政治的な面でも重要な影響力を持った教授であり、シラーだけでなくゲーテやヘルダーリンに関する研究でも知られている。

71 Johann Karl August Musäus (1735-1787)：ドイツの啓蒙主義時代の作家であり文芸批評家。特にドイツの多くのメルヘンを収集し、皮肉の効いた物語等も執筆した。

72 Theodor Gottlieb von Hippel (1741-1796)：ドイツの作家であり一七八〇年にはケーニヒスベルクの市長も務めた。ケーニヒスベルクの哲学者カントの友人であり、ジャン・パウルやE・T・A・ホフマンに重要な影響を与えた。主な作品に『きちょうめんな男』という喜劇や『直系三代の経歴』という自伝的小説がある。

73 Moritz August von Thümmel (1738-1817)：ドイツの作家。重要な作品にフランス旅行記がある。

74 Karl Philipp Moritz (1756-1793)：ドイツの作家であり美学者。疾風怒濤時代から古典主義にかけて初期のロマン主義にかけて重要な影響を与えた。主著として自伝的小説『アントン・ライザー』が挙げられる。

75 Johann Gottfried Seume (1763-1810)：ドイツの作家であり詩人。主著に『シラクサへの散歩』があり、反ナポレオン的な思考を態度を有していたことで知られている。

76 Johann Peter Hebel (1760-1826)：ドイツの詩人。ドイツ語の方言であるアレマン方言を用いてバーデンの自然と生を歌い上げた『アレマン詩集』（一八〇三）が著名で、ゲーテやジャン・パウルによる賞賛を受け、ドイツ方言文学の端緒を切り開いたものとされる。他にも暦物語（Kalendergeschichte）という暦に添えられた短い挿話や教訓を含んだ文体を用いた。

77 Alemannisch：主にドイツの南西部で話される方言の一つであり、フランスではストラスブール（Straßburg）やコルマール、そしてドイツではシュトゥットガルト等の都市で話される。

78 Joseph von Görres (1776-1848)：十九世紀前半のドイツ・カトリックの精神的指導者の一人であり、

思想家。中世ドイツ文芸の研究やペルシア語の研究を行ったり、ナポレオンの衰退後に民族主義運動に参加して亡命生活を余儀なくされたりした。後にミュンヘン大学の教授に就任した。

79 Friedrich de la Motte Fouqué (1777-1843)：ドイツの初期ロマン主義作家であり詩人。離別した一人目の妻との思い出が込められた、一八一一年発表の『水妖記（ウンディーネ）』が代表作である。なお、この『水妖記』は一九三九年に三幕の戯曲『オンディーヌ』としてフランスの作家ジャン・ジロドゥによって翻案されている。

80 Heinrich von Kleist (1777-1811)：ドイツの劇作家でありジャーナリスト。ドイツを代表する劇作家の一人に数えられる場合もあり、主要な作品に戯曲『こわれがめ』（Der zerbrochne Krug）等が挙げられる。

81 Adelbert von Chamisso (1781-1838)：フランス出身のドイツ語詩人であり植物学者であり、本名はルイ・シャルル・アデライド・ド・シャミッソー・ド・ボンクール（Louis Charles Adélaïde de Chamisso de Boncourt）。主な作品に、一八一三年に執筆したメルヘン風物語『影をなくした男（ペーター・シュレミールの不思議な物語）』は今日でも読み継がれている。

82 Joseph Karl Benedikt Freiherr von Eichendorff (1788-1857)：後期ロマン主義に属するドイツの小説家であり詩人であり、代表作はナポレオン戦争時に書いた『予感と現在』。

83 Ernst Theodor Amadeus Hoffmann (1776-1822)：法律から音楽まで多彩な才能を発揮した、後期ロマン派を代表する幻想文学者。ロマン派の多くの作家たちが田舎を描写したにもかかわらず、彼は好んで都会生活を描いた。主な作品に『黄金の壺』や『くるみ割り人形とねずみの王様』等がある。

84 Wilhelm Hauff (1802-1827)：若くして亡くなった、シュヴァーベン派に属すると言われるドイツの小説家である。短い生涯の中で『隊商』や『アレッサンドリア物語』等の童話を残した。

85 Johann Ludwig Uhland (1787-1862)：ドイツの文献学者であり政治家でもあった詩人。中世の詩人ヴァルター・フォン・デア・フォーゲルヴァイデの研究に従事し重要な研究所を上梓した。

86 Nikolaus Lenau (1802-1850)：ハンガリー出身のオーストリア詩人。ハンガリー的な情熱とスラブ的な憂鬱の混じり合った「世界苦の詩人」とも呼称される。主な詩作品に『葦の歌』や『森の歌』、叙事詩に『ファウスト』等がある。

87 Christian Friedrich Hebbel (1813-1863)：十九世紀ドイツを代表する劇作家の一人であり、代表作に処女作の『ユーディット』が挙げられる。

88 Eduard Friedrich Mörike (1804-1875)：所謂シュヴァーベン派に属するとされる十九世紀のドイツの詩人。飾らない言葉で『詩』等の詩集を発表したり、教養小説『画家ノルテン』といったいくつかの小説を残した。

89 Adalbert Stifter (1805-1868)：オーストリアの小説家であり風景画家。特に彼の小説『晩夏』は酷評を受けもしたがニーチェによって「繰り返し読まれる」に値する傑出した散文だと評価され、ハイデガーにも高い評価を受けた作家であった。主な作品に『石さまざま』や『晩夏』、そして『ヴィティコー』等がある。

90 Jeremias Gotthelf (1797-1854)：スイス出身の小説家で、プロテスタント神学の大学で教育を受けた後牧師に選出された。十九世紀農民の生活を克明に描いた小説を執筆し、中でも『黒い蜘蛛』が傑出している。

91 Gottfried Keller (1819-1890)：「スイスのゲーテ」と称されたドイツ語作家。主要な作品に自伝的な長編教養小説『緑のハインリヒ』があり、近代ドイツ文学の傑作の一つに数え入れられる場合もある。

92 Conrad Ferdinand Meyer (1825-1898)：スイスの十九世紀ドイツ語文学を代表する作家であり、『あるスイス人の二十篇のバラード集』等の詩やドイツ帝国の成立に受けた感動を作品にした『フッテン最後の日々』、そして歴史小説などを多く残した。

93 Joseph Victor von Scheffel (1826-1886)：法律や絵画にも携わったドイツの小説家であり、叙事詩『ゼッキンゲンの喇叭手』や、十世紀のスイスの修道院を舞台にした歴史小説『エッケハルト』等で大きな成功を収めた。

94 Wilhelm Raabe (1831-1910)：ドイツの小説家。ケラーやシュティフター等ともに詩的リアリズム或いは市民的リアリズムの潮流に属する作家の一人とされており、『雀横丁年代記』や『ドイツ果てしなき苦悩』、そして『まんじゅう』等の作品がある。

95 पञ्चतन्त्र：ヴィシュヌ・シャルマーがサンスクリット語で執筆した児童向けの説話集。西暦二〇〇年頃の作品だと考えられている。

96 Karl Georg Büchner (1813-1837)：ドイツ自然科学者であり劇作家。革命運動にも携わった。主な作品に『ダントンの死』や『レンツ』等がある。現在のドイツには彼の名を冠したゲオルク・ビューヒナー賞がある。

97 Theodor Körner (1791-1813)：ドイツの詩人であり軍人。戯曲『ツリニー』により名声を上げた。ナポレオン戦争期の一八一三年から一八一四年にルートヴィヒ・アドルフ・ヴィルヘルム・フォン・リュッツォウ少佐を指揮官としたリュッツォウ義勇部隊に参加し、戦死した。死後に編纂された『琴と剣』は熱狂をもたらした。

98 Christoph August Tiedge (1752-1841)：ドイツの詩人。その詩はベートーベンにも深く愛され、彼の作品三十二「希望に寄せて」にも彼の詩が用いられている。

99 Oskar Freiherr von Redwitz (1823-1891)：ミュンヘンで行政に関わったドイツの詩人。彼の作品に一八六八年出版された『ヘルマン・シュタール――ドイツ的生』がある。

100 Georg Steindorff (1861-1951)：ドイツのエジプト学者。ナチスによるユダヤ人への迫害を避けるためアメリカ合衆国に移住した。古代エジプトの言語や宗教に関する多方面での著作を発表した。

101 Hedwig Jenny Fechheimer (1871-1942)：ドイツの美学史家でありエジプト学者。Hedwig Simon という名でも知られ、彼女の古代エジプトの造形芸術に関する研究と業績は現代芸術に多様な影響を与えた。

102 Johann Georg Hamann (1730-1788)：ケーニヒスベルク出身の「北方の博士」という異名を持つ哲学者であり文学者。感性や信仰を重要視し合理主義や啓蒙主義に反対し、カント哲学を批判し、哲学者のヘルダーにも影響を与えた。なお、ヘルダーに関しては弊社刊行の高橋昌久訳「マテーシス古典翻訳シリーズⅢ」の『私なりの歴史哲学』の本文並びに解説参照。

103 Christian Felix Weiße (1726-1804)：啓蒙期のドイツで活躍した詩人であり作家。また教育の分野に

【注】

も従事し、ドイツにおける子供や青少年の文学作品の創始者とも考えられている。

104 Gottlieb Wilhelm Rabener (1714-1777)：啓蒙主義時代のドイツ人風刺作家。彼の『風刺文集』は広く読まれたが、権力風刺的な要素が薄く批判的鋭敏さを欠いていた。

105 Karl Wilhelm Ramler (1725-1798)：啓蒙主義時代のドイツ詩であり哲学者。詩や批評を残した。

106 Christian Fürchtegott Gellert (1715-1769)：レッシングによるとドイツ文学の黄金時代を築いた一人にも挙げられる詩人。フランス喜劇の翻訳を行ったり、ライプツィヒ大学で教鞭を取りつつ啓蒙的な創作に従事したりした。フリードリヒ大王は彼の寓話を著作『ドイツ文学論』の中で評価した。

107 Johann Jakob Bodmer (1698-1783)：スイスの文献学者であり、中高ドイツ文学の研究やホメロス及びジョン・ミルトンの翻訳に従事した。一七四〇年に『ポエジーにおける不思議なものに関する批判的論考』を通しフランス詩や古典世界への傾倒からミルトンの詩や中世を評価する主張を行った。

108 Salomon Gessner (1730-1788)：スイスの詩人であり画家。牧歌的な雰囲気を有する作品を残し、スイスとは何かを論じたことでも知られている。

109 Johann Georg Adam Forster (1754-1794)：ドイツにおける啓蒙思想の中心人物の一人であり、『世界一周の航海』でポリネシア民俗学に多大な貢献をなした。この『世界一周の航海』は高い評価を受けイギリスの王立協会の会員にもなった。他にも大学で自然史や博物学の教授を務めた。

110 Karl von Eckartshausen (1752-1803)：ドイツ・カトリックの神秘主義者、或いは神智学者であり哲学者。ドイツだけでなくフランスとイギリスのオカルティズムやロマン主義に大きな影響を与えた。

111 Hermann Oldenberg (1854-1920)：ドイツのインド研究者であり、ヴェーダとパーリ語仏典の研究者として知られる。仏陀に関する自伝が高く評価され、多くの文人たちに影響を与えた。

112 Paul Jakob Deussen (1845-1919)：ドイツの東洋学者であり哲学者。ショーペンハウアー哲学に傾倒し、カントやショーペンハウアー哲学の研究に従事するとともに、インド哲学の研究やウパニシャッドの翻訳に従事した。ショーペンハウアー協会の設立者としても知られる。

113 Leopold Alexander von Schroeder (1851-1920)：ドイツのインド学者であり大学教授。主な業績に『バガヴァッド・ギーター』のサンスクリット本文のドイツ語訳がある。

114 Karl Eugen Neumann (1865-1915)：ドイツの仏教、パーリ語文典の研究者。ヨーロッパ語に仏陀の言葉を初めて翻訳した人物であり、ヨーロッパの仏教研究者の草分けの一人である。

115 Richard Wilhelm (1873-1930)：ドイツの中国学者であり、二十五年に及ぶ中国滞在を経て中国語に深く習熟した。『易経』の翻訳で知られ、彼の研究はカール・ユング等にも影響を与えた。

116 Hans Rudelsberger (1868-?)：中国の古典作品の翻訳を手掛けた人物。しかし彼に関する詳しい情報は不詳である。

117 Paul Ernst Wilhelm Arthur Kühnel (1882-1964)：ドイツの東洋学者であり美術史家。またイスラムに関わる文物の収集家としても知られている。特に彼のミニアチュールに関する研究と書籍は注目に値する。

118 Leo Greiner (1876-1928)：ドイツの作家であり批評家。『中国の夕べ』という中国の物語や歴史に関する文献の翻訳でも知られている。

119 Matteo Bandello (1480-1562)：イタリアの修道士であり作家。ボッカチオが用いていた大きな物語の中に短篇を挿入していく形式ではなく短篇を独立させていく形式で物語集を執筆した。この物語集はシェイクスピアにも影響を与えた。

120 Masuccio Salernitano (1410-1475)：イタリアの作家であり、ボッカチオに影響を受け一四七六年に『ノヴェリーノ』という作品が死後出版された。これはシェイクスピアの『ロミオとジュリエット』にも物語上の影響を与えた作品だとみなされている。

121 Giambattista Basile (1575?-1632)：『デカメロン』に倣った説話集『ペンタメローネ（五日物語）』の作者として知られる、イタリアの詩人であり軍人。他のナポリ語或いはナポリ方言、そしてナポリ地方に伝わる説話の保存と振興に努めた。

122 Gian Francesco Poggio Bracciolini (1380-1459)：イタリアのルネサンス期の人文主義者であり、ルクレティウスの『物の本質について』等の古代ラテン語文献を探索し発見したことで知られている。

123 Maurice de Guérin (1810-1839)：フランスの詩人であり、数十篇に及ぶ韻文での習作と数作の散文詩、そして『緑の手帳』という日記作品を執筆した。

124 Giorgione (1477?-1510)：ルネサンス期にヴェネツィアで活躍したイタリアの画家。主な作品に『カステルフランコ祭壇画』等がある。

125 Johannes Tauler (1300?-1361)：ドイツの神秘主義者であり、ドミニコ会に属するカトリックの聖職者。マイスター・エックハルトの弟子であり、ドミニコ会の霊性に新プラトン主義的な要素を導入した。

126 Heinrich Seuse (1295-1366)：ドイツの神秘主義者であり、ドミニコ会に属するカトリックの聖職者。

マイスター・エックハルトの弟子であり、主著に『真理の書』や『永遠なる知恵の書』がある。

127 Jörn Uhl：牧師でもあったドイツの小説家グスタフ・フレンセン（Gustav Frenssen）が執筆した北部ドイツの農民たちを描いた小説。一九〇一年に刊行された。

128 Johann Ludwig Uhland (1787-1862)：ドイツの政治家であり文献学者。そして詩人としても活動した。文献学者として中世の民間伝承やフォークロア研究に専心し、特に一八二二年に刊行された研究書を『ヴァルター・フォン・デア・フォーゲルヴァイデ、古ドイツ詩人』が重要である。詩集には『父国詩』が高名である。

129 Emil Strauß (1866-1960)：ドイツの小説家であり劇作家。シュトラウスの死後にヘッセは『シュトラウスの死から四日後』という文章を書き、彼の作品を高く評価した。主要な作品に一九〇二年に書かれた『親友ハイン』が挙げられる。

130 Gustav Freytag (1816-1895)：ドイツの作家であり歴史家。異教的な要素も残る中世ドイツの民衆史に関する研究に従事し、一八四八年の三月革命では政治にも参与することとなった。

131 Hans Theodor Woldsen Storm (1817-1888)：ドイツの法律家であり作家。故郷のシュレスヴィヒ＝ホルシュタインをめぐるドイツとデンマークの戦争に関わるなど外交・政治的な面にも関与した。主な作品に『みずうみ』や『白馬の騎手』があり、レアリズム的作風を有する作家として知られる。

132 Josef Popper-Lynkeus (1838-1921)：オーストリアの社会哲学者であり作家。ユダヤ人の家系に属し、甥には科学哲学史上で高名なカール・ポパーがいる。

133 Carl Friedrich Paul Ernst (1866-1933)：ドイツの作家でありジャーナリスト。ドイツ観念論やマルクス主義にも触れた政治論文を書き、他にも数点の小説と演劇を残した。

134　Franco Sacchetti (1335?-1400?)：フィレンツェの名門商家に生まれた、詩人であって小説家であり、また政治家。強くボッカチオの影響を受け、『ノヴェッラ三百編』等の作品を残した。

135　Justinus Andreas Christian Kerner (1786-1862)：ドイツの医者であり詩人。ボツリヌス中毒にあたる病気の症状と経過を報告した。文筆家としては小説『旅の陰影』や幾人かの詩人と共に出した『詩的生活歴』等がある。

136　Papageienbuch：原典のサンスクリット語でशुकसप्तति。ラテンアルファベットでŚukasaptati と表記される。日本では『オウム七十話』という題名で知られるインドの説話集。ゲーテが愛読したことでも知られている。

137　Jens Peter Jacobsen (1847-1885)：日本で語ではイエンス・ペーター・ヤコブセンとも表記される。デンマークの詩人、作家であり植物学者。熱心なキリスト教徒だった婚約者との婚約を破棄したほどに無神論者であった。彼の作品に『マリィエ・グルベ夫人』や『ニルス・リューネ』等の小説がある。

138　Émile Adolphe Gustave Verhaeren (1855-1916)：マーテルランクに並び称されるベルギーの詩人であり、ランボーやヴェルレーヌと共に象徴派の重要な詩人として活躍した。そして自然主義的な詩から人間賛歌的な作風を確立させ、ノーベル文学賞候補にノミネートされるなど、その詩は高く評価されていた。日本でも早くから上田敏や与謝野鉄幹らがその詩を翻訳した。なお、象徴主義に関しては小社刊行のジャン・モレアス著、宮田佳範訳『象徴主義第一の武器』やエルネスト・レイノー著、宮田佳範訳『ジャン・モレアスとスタンス』を参照されたい。

139 Emanuel Geibel (1815-1884)：ドイツの詩人であり評論家。ミュンヘン大学の美学教授に任じられマクシミリアン二世に厚遇された。保守的な政治色の強い評論も書いたが、政治的な要素の無い『詩集』や『新詩集』等の作品が高く評価されている。

140 Kudrun：中世ドイツの叙事詩であり、十三世紀初頭から中葉にかけて成立したものと考えられている。婚約の身であった主人公のクルードンがノルマンディーの王子に誘拐されるも後に助け出されるという筋書き。

141 John Ruskin (1819-1900)：イギリスの評論家。芸術家たちと多く交流し、また彼らのパトロンとしても活躍した。主な作品に『近代画家論』や『建築の七燈』。

142 Marie Herzfeld (1855-1940)：オーストリアの著述家であり翻訳家。リルケやホーフマンスタールらと交流した。イェンス・ピーダ・ヤコプスンの作品やレオナルド・ダ・ヴィンチに関する研究や翻訳に従事した。

143 Robert Browning (1812-1889) und Elizabeth Barrett Browning (1806-1861)：イギリスの詩人で夫婦。夫となるロバートが妻となるエリザベスの詩に感動して手紙を送り、以降結婚に至るまでの二年間で五七四通にも及ぶ書簡を送りあっている。

144 Walter Horatio Pater (1839-1894)：イギリスの文学者であり作家。論文集『ルネサンス』で名を成したが、他の作品に『享楽主義者マリウス』という歴史に範を取った作品や『プラトンとプラトニズム』という古代ギリシア哲学を扱った作品がある。

【注】

145 Hippolyte Adolphe Taine (1828-1893)：フランスの哲学者であり文学史家。『英国文学史』や二十年に及ぶ講義を基に執筆された『芸術哲学』が彼の重要策として挙げられる。

146 Erwin Rohde (1845-1898)：ニーチェと近しい関係にあったことでも知られているドイツの文献学者。ギリシア語で「魂」という意味の著作『プシヒ（プシュケ）』は古代ギリシアの魂理解を解き明かした極めて重要な作品である。

147 Georg Morris Cohen Brandes (1842-1927)：デンマークの文学史家であり、クブンハウン大学教授を務めた。文学史家として高名なことに加え、ニーチェをスカンディナビアやヨーロッパに広く紹介したことで知られている。

148 Carl Justi (1832-1912)：ドイツの美学史学家でボン大学の史学科教授を務めた。伝記的な手法を用いて美学史にアプローチしたことで知られており、ヴェラスケス以外にヴィンケルマンやミケランジェロの伝記も手掛けた

149 Charles Paul Marie Sabatier (1858-1928)：アッシジのフランチェスコの事跡を研究した、フランスの歴史家でありプロテスタントの牧師。同名のポール・サバティエという科学者がいるが、その人物とは別人である。

150 Heinrich Wölfflin (1864-1945)：美術史家或いは美学論者。ヤーコプ・ブルクハルトに学びその影響を強く受けた。代表作に『美術史の基礎概念』（一九一五）。

151 Victor Hehn (1813-1890)：バルト・ドイツ出身の文化史家。ゲーテに関する作品を数点残している。

152 Ricarda Huch (1864-1947)：ドイツの小説家であり哲学者。自伝的な小説からドイツ三十年戦争を

描いた作品、また聖書や宗教に題材を取った多彩な作品を描いた。

153 Hermann Hettner (1821-1882)：十九世紀ドイツの文学史家及び美術史家。ロマン派研究初期の研究者であり、ドイツ精神史や理念史の着想と構成で重要である。

154 Peter Rosegger (1843-1918)：オーストリアの小説家、独学で教養を積み、方言に満ちた作品を執筆し、村の物語や近代批判の要素を含む小説を産み出した。主な作品に、自伝的な「森のふるさと」や「最後の人ヤーコプ」等がある。

155 Friedrich Theodor Vischer (1807-1887)：ドイツの文学史家であり哲学者。政治に関する題材の作品も残したが、主に美学に関する作品が重要である。

156 Otto Mühlbrecht (1838-1906)：ドイツの作家。一八九八年に書かれた『わが生涯より』という著作を残している。

157 Theophrastos（前３７１－前２８７）：レスヴォス島出身の哲学者であり、植物学者や博物学者の顔も持つ。アリストテリスの友人であり同僚で、アリストテリスの学校の二代目学頭を務めた。

158 Karl Friedrich May (1842-1912)：ドイツの小説家であり、北アフリカからオスマン帝国領までを旅した冒険譚が非常に大きな成功を収めた。

159 Nikolaus Lenau (1802-1850)：ハンガリー出身でドイツ語で著述した詩人。ベートーヴェンを崇拝しヴァイオリン演奏をたしなむとともに、彼の詩はフランツ・リストやリヒャルト・シュトラウス等多くの作曲家たちにインスピレーションを与えた。代表作に『葦の歌』（1832）や叙事詩『ファウスト』（1836）や『サヴォナローラ』（1837）がある。

エピロゴス

ソクラテス：本を読むのは結局のところ、人を賢くするのだろうか。よく最近の若者は本を読まなくなった、本を読んで教養を積んだ方がいい、そういった教訓、諫言が聞かれるがどうなのだろう。

マテーシス：多分今だけでなく、昔から偉い人たちは本を読んだ方がいいと言ってきたものでしょう。まあそもそも本は種類が色々あり、悪本もまた無数にあります。そして古典と言われているものが良本なのでしょう。ではそういった古典を人は読むべきでしょうか。

ソ：結論から言えば私は、古典は読むべきものだとは思うね。一般的には古典というのは歴史の試練を経て生き残ったものであり、その分だけの価値を有するものである、とされている。そしてそれは実際にその通りであろう。また、古典というか一般教養というのは非日常性をもたらしてくれる。つまり大抵の人間は、起床して出勤して働いて帰って食事して寝るというサイクルをロボットのように繰り返すものだが、そういった日常に何かしらの非日常を持ち込むことが可能である。つまり教養によって彩られている様々な世界、普段の日常では見ることができないそれらの世界を垣間見ることができるのだ。

マ：なるほど。それと教養というのは人格にも影響を及ぼすものでしょうか。

ソ：おそらくは、ね。教養を積んだ人と積んでいない人と色々会ってきたが、やはり前者の方が会話能力が高く、品性もあり、話も面白いからね。とはいえ、百％絶対にそうというわけではない。またどれほど教養を積んでいるからといって、その人間が聖人君子になるというわけでもない。そういった人でも不合理な行動を取ることはいくらでもある。だから結論から言えば、私は古典を始め教養を身につけることには賛成だ。身に付けないよりは、ね。とはいえそれをやたらと絶対視しようとは思わない。なんでもかんでも教養は素晴らしいとか言って礼賛しようとは思わないね。ある意味程度の問題にしか過ぎないとは言える。

マ：そういえば、あなたとしては理想的な本の読み方とはどのようなものだとお考えでしょうか。

ソ：そうだね。本の読み方といっても色々ある。人間は理性と共に成長していくことにより物事への関わり方は変わるものだ。それは本との付き合い方もそうであろう。私もまた成長していくにつれ、本というものとの関わり方も変化してきた。そうだね、少し振り返ってみるのも面白そうだ。

私が本を読み始めた時、無論その本というのは教養ある古典であったが、私はひたすらに本を読んだ。やはり若さゆえか、そこに書いてある物語は崇高なものだと考えていた。何せ古典なのだから。そして若かったので人生とは何か、自分はなんのために生まれてきたのかということもかなり考え込んでいて、五里霧中に陥っていたことがある。だから古典を読めばそこに答えがあるのではないか、と考えて特にそういったことを意識しながら私は読んでいったのだ。そして物語文学といえども何かしら人生思想みたいなものがあったら私は線を引いたりしてノートにまとめたりしていった。でもまあ結局自分が何のために生まれてきたか、という答えは見つからなかった。今振り返ってみればそれは冷静に考えてみれば当たり前なのだろう。自分の人生については結局自分で答えに辿り着くしかない。赤の他人が書いた本に答えなど書いているはずもないのだから。ともあれ、そういうことをだんだんと悟っていくと、次第に本を盲信することもやめていった。敬意の念はやがて薄れていき、次第に古典といえども客観的に捉えるようになった。俗にいう「自分の頭で考える」というやつなのさ。あるいはこの内容や思想はこういった時代背景があるからだとか、こういうことを最終的に作者は伝えたいのではないか、でもそれは正しいのかという具合に少し研究者っぽい態度を取ることもあった。ともかく、私はその時は本をかなり読んでいたが、一方で本と距離を置いていたという冷静に考えてみれば奇妙な状態にあった。そしてそういう状態がさらに数年続き、やがて本を読むこと自体がそんなになくなった。

マ：それはなぜ？

ソ：わからない。自分でもよくわからないけれど、いつの間にかもういいや、って思うようになったのだろう。それに古典関連もなんだかんだ言って結構な数も読んだし読む本も無くなってきたというのもあるのだろう。それに私は書物よりももっと興味深い書物を見つけたのだ。

マ：それは一体なんでしょう？

ソ：世界という書物さ。マクロ的にもミクロ的にも世界はどのように成り立っているのかを読んでいくのが面白い。何も地球の構成要素とかの物理学的なことに限らない。街中を歩いていてある広告ポスターを見かければ、どういう意図でそのポスターは作られたのか、その宣伝演出はどうなのか、広告費用はいくらでどれくらいのリターンが望まれるのか、なぜこの有名人を起用したのか、等々考えていく。本もそうだね。本の内容それ自体よりも、本の値段や表紙から世の中の現状や推移による変遷を見ていくのも楽しい。ある哲学者は世界という書物を見に書斎から出て異境へと赴いた、とされているがそれと同じだね。本には限界があることは事実だからね。アテネという街はどのような街か、ということを知りたくて本を手に取ってみたとしよう。そこには色々と書いてあるだろう。人口は、性格は、労働は等々。とはいえ、そういうのは実際に行ってみないとわからないものだ。なんというかアテネひいてはギリシアを味わおうと思ったら、結局そこに行くしかない。もちろんそこに短期間観光して滞在したところでその土地に精通してもらっては困る。本当に知りたかったなら、その土地に十年は暮らして生計を立てていく必要があるだろう。いやそれでもその土地について完全に把握しているか、と聞かれれば嘘になるね。しかし、たとえ短期滞在でも本を読んだだけよりは生の体験を得られるだろう。ともかく最初の話に戻って理想的な本の読み方ということだが、逆説的になるがあまり本を読まないことかもしれない。囚われないというか、これまた俗にいう「自分の頭で考えること」が重要なのかもしれない。私が今しがた挙げた例を用いてさらに突き詰めると、「自分の肌で感じること」が大事なのかもしれないね。それは本を読む必要がないというより、本を、しかも優れた本を無数に読んで達することができる境地かもしれない。

マ：では、もう本を読むことはないと？

ソ：どうだろう。読むことはあると思うね。とはいえ、以前ほどの熱量はないだろう。あらゆることが書物とも言えるのだから。

訳者紹介
高橋 昌久（たかはし・まさひさ）
哲学者。
Twitter: @mathesisu

カバーデザイン　川端 美幸（かわばた・みゆき）
e-mail: bacxh0827.miyukinp@gmail.com

ヘッセの読書案内 ——世界文学文庫、他二編——

2023年6月18日　第1刷発行

著　者　ヘルマン・ヘッセ
訳　者　高橋昌久
発行人　大杉　剛
発行所　株式会社 風詠社
〒553-0001　大阪市福島区海老江 5-2-2
大拓ビル 5 - 7 階
TEL 06（6136）8657　https://fueisha.com/
発売元　株式会社 星雲社
（共同出版社・流通責任出版社）
〒112-0005　東京都文京区水道 1-3-30
TEL 03（3868）3275
印刷・製本　小野高速印刷株式会社

ISBN978-4-434-32136-8 C0098